Schwalben am Teichufer

Haiku und andere Kurzgedichte, Aphorismen

Reinhard Lehmitz, Erika Maaßen, Ralf Hilbert
u.v.a.

Dorante Edition

Schwalben am Teichufer

Haiku und andere Kurzgedichte, Aphorismen

Reinhard Lehmitz, Erika Maaßen,
Ralf Hilbert u.v.a.

Bibliografische Information durch die Deutsche Nationalbibliothek: Die Deutsche Nationalbibliothek verzeichnet diese Publikation in der Deutschen Nationalbibliografie; detaillierte bibliografische Daten sind im Internet über http://dnb.d-nb.de abrufbar.

herausgegeben durch das Literaturpodium, Dorante Edition
Berlin 2019, www.literaturpodium.de
ISBN 9783752805260

Foto auf der Vorderseite: Motiv aus der Bundesgartenschau in Berlin-Marzahn, Marko Ferst

Herstellung und Verlag: BoD – Books on Demand, Norderstedt

Haiku
und andere Kurzgedichte

Reinhard Lehmitz

Ein Marienkäfer
hüpft eifrig auf einem Blatt -
Schwere Regentropfen

Kein Wind ist spürbar
Der Strauch in Bewegung -
Oh ... Vogelhochzeit

Nebel gefangen
im silbernen Spinnennetz -
Tröpfchen als Zeugen

Das Teichufer
mit vielen kleinen Spuren -
Schwalben tanken auf

Auf dem Brunnenrand
noch verschüttetes Wasser -
Ein Sperling badet

Ein grüner Teppich
Dicht an dicht kleine Inseln -
Entenparadies

Erinnerungen
an die Liebe des Sommers -
Ein rotes Herbstblatt

Eissterne am Fenster
lassen das Universum
ganz nah erscheinen

Mit schwarzen Hauben
Sumpfmeisen am Futterhaus -
Da! Ein blauer Hut

Rauch hinter dem Berg
Das Tageslicht sehr kurz -
Im Dorf wird geheizt

Schmetterlinge
wie vom Himmel gefallen -
Frühblüher warten

Zarte Wintersaat
in einem Schattengewirr -
Die Sonne steht tief

Pilze nur klein
Nach kräftigem Regen
ein großes Wunder

Nach gelbem Teppich
alles weiß aufgeschäumt -
Dann Fallschirme

Ein Federbausch
mit vibrierenden Flügeln
schilpt Hochzeitsmusik

Die Mittagssonne
als bewegtes Farbfoto
in klarem Eis

Ein Blatt hüpft vom Zweig
Überlistet – frohlockt es
Ich bin ein Laubfrosch

Sommersprossen
als lustige Zierde
von kurzer Dauer

Lautloser Schatten
Eine Eule im Anflug -
Die Beute ahnt nichts

Kätzchen regen sich
Der Kater wird bald kommen -
Bienen schlafen noch

Das Korn wächst heran
Mohn klatscht am Feldrand Beifall
und auch Kamille

In weißem Gewand
grüne und gelbe Spitzen
mit Frühlingskraft

Früh übt die Amsel
Abends geht es um alles
beim Sängerwettstreit

Klatschmohn
soweit das Auge reicht -
Inzwischen selten

Schiffsmotoren
tuckern um die Wette -
So klingt Saisonstart

Die Federn aufgestellt
treibt der Schwan im Wind -
Warum nicht mal segeln?

Im Plätschern der Wellen
scheint das Zeitgefühl
sich auszuruhen

Goldfische tauchen auf
mit weit geöffnetem Maul -
Es blubbert kräftig

An jedem Morgen
eine vertraute Sonne -
Irgendwann ohne uns

Viele Krausköpfe
in sattem Dunkelgrün -
Petersilie

Heulende Rufe
wirken etwas unheimlich -
Nur eine Eule

In sich versunken
Pilze auf dem Weg vom Sein
zur Vergänglichkeit

Die Zeit steht nicht still
Es sei denn die Liebe hat
ihre Hand im Spiel

Libellenflügel
erscheinen im Sonnenlicht
wie aus Pergament

Grünlicher Schimmer
über der weiten Landschaft -
Wintersaat geht auf

Abendlicht wie Samt
Das Laub in warmen Farben -
Ruhe und Andacht

Flocken fallen sacht
Die Pilze tragen Mützen -
Der Schnee kam sehr früh

In blauschwarzer Nacht
wissend und wachsam Eulen -
Blicke durchdringen

Der Gebirgsbach streift
verhalten ebenes Land -
Ein Vogelpaar trinkt

Eine Windhose
quert das frische Stoppelfeld -
Die Spreu im Wirbel

Zahlreiche Gäste
auf struppigen Maisfeldern -
Kraniche fressen

Mondsichel ganz zart
dieser Schmuck am Firmament -
Es wird bereits hell

Blau und weiß bereift
die prallen Schlehenfrüchte -
Erste Nachtfröste

Auf Umwegen fliegt
die Meise zum Nistkasten -
Nur nichts verraten

Ein blaues Rad schwingt
auf dem zarten Blütenstand -
Libellenliebe

Sieh! Der rote Ball
im schneebedeckten Geäst -
Ein Gimpel ruht aus

Das Sichentfernen
Unerklärliche Kräfte -
Dunkle Energie?

Direkt am Brunnen
eine gefüllte Tränke -
Frischer geht es nicht

Bunt die Blütenpracht
Im Blühen aber keimt schon
die Saat des Welkens

Sanft in Bewegung
Grüne Stacheln im Garten -
Ein Schnittlauchigel

Sieh! Die Pilzhüte
morgens mit Zucker bestreut -
Der Frost ist erwacht

Ein alter Brunnen
Der Schöpfeimer verrostet -
Das waren Zeiten

Reglos sitzt sie da
die Eule in der Scheune -
Gute Versorgung

Schwungvolle Landung
Dann regloses Warten -
Graureiher am Teich

Lautloser Sinkflug
Blätter fallen wie Regen -
Bäume im Wandel

14

Die Muschel am Strand
trägt ein Kleid aus Kristallen -
Mode im Winter

Ein Graureiherpaar
überfliegt vertrautes Land -
Letzter Herbstausflug

Karminrot geschmückt
im sonst so tristen Gebüsch
das Pfaffenhütchen

Dunkles sattes Grün
mit ersten Zeichen von Bund -
Es gibt kein zurück

Die alte Leiter
in der Scheune schon sehr morsch -
Mäuse stört das nicht

Die Kamelie
Symbol der Vergänglichkeit
Auch der Harmonie

Kraniche landen
in der Abenddämmerung -
Der Wind steht günstig

Letzter Sonnenstrahl
Fischer holen Boote ein -
Winterlicht am Meer

Ein stiller Morgen
Plötzlich küsst Regen herzhaft
das trockene Laub

Trotz Schönheit der Welt
versteinern die Gefühle -
Eiskalte Spaßgesellschaft

Flimmern in der Luft -
Wachsendes und Reifendes
ersehnen Regen

Es duftet herrlich
unter dem Heubodendach -
So viel Kräutertee

Die Seeluft wird hart -
Nun kommen rauhe Zeiten
für die nackte Haut

Winter du Schönheit
In dein zart gebläutes Kleid
ist Himmel gewebt

16

Tiefverschneite Welt -
Nur der ruhelose Bach
hält nichts vom Schlafen

Leiser Farbwechsel
Blätter auf dem Weg vom Grün
in´s herbstliche Bunt

Es riecht nach Frühling
Die Sonne lächelt verschmitzt -
Der November spielt

Schreie vom Himmel
Die Sehnsucht der Kraniche
Ruf nach dem Süden

Versteckt der Kürbis
in einem Wald aus Blättern -
Doch er wird entdeckt

Seichte Meeresbucht
Kraniche finden Ruhe -
Morgens die Schreie

Schönheit am Himmel
Begleiter der Winternacht -
Sternbild Orion

Vom Sturm angespült
ein jetzt hilfloser Seestern
im Bett aus Algen

Blutstropfen fallen
auf schneebedeckten Boden -
Kamelienrot

Tusche und Papier
begehren einander sehr -
Seelenverwandschaft

Das Suchen nach der
Erfüllung kann ermüden -
Sich finden lassen

Auf Rosenblättern
Regentropfen wie Perlen
sinnvoll aufgereiht

Rot Blau Gelb und Weiß
erfreuen am Wegesrand -
Mohnrot dominiert

Das Blau wirkt sehr kalt
über dem ruhigen Meer -
Winterliches Licht

Im Schneeflockentanz
ein plötzliches Aufleuchten -
Die Sonne gewinnt

Hilfloses Suchen
Ein Blatt Papier im Aufwind -
Verirrte Botschaft?

Hoch im Himmelblau
die ersten Frühlingslieder -
Lerchengezwitscher

Ein weißer Teppich
mit viel Sonnengold durchwirkt -
Kamille im Rausch

Kluntje und Sahne
Der Tee darf leicht bitter sein -
Friesische Mischung

Mit schaukelndem Schritt
und schnellen Zwischenhüpfern
entflieht die Krähe

Fast übermütig
im Spiel mit Luft und Wasser -
Zarte Seeschwalben

Endlose Weite
Felder zeigen ihre Haut -
Die Ernte war gut

Licht bringt Leichtigkeit
Nun ist frühe Dunkelheit -
Zeit der Besinnung

Ein lockender Schoß
Zartes Bienengeflüster -
Kirschblütenhochzeit

Zeig mir dein Gesicht
Die Augen sollen sprechen -
Karnevalsliebe?

Baum voller Tulpen
Zarte Pracht in Weißrosa -
Magnolienschau

Ein Fest der Sinne
Hommage für die Ästhetik -
Teezeremonie

Ausgebreitete
farbenprächtige Flügel -
Flieg auf Schmetterling

20

Papier (er)schöpfen -
Mit den eigenen Händen
entsteht ein Wunder

Funkelnde Sterne
in weißem und gelbem Licht -
Die Zeit verändert

Weißes Licht bricht sich
durch morgentlichen Nebel -
Der Winter klopft an

Glückliche Spatzen
ganz aufgeplustert im Sand -
Fröhlicher Waschtag

Geboren am Strand
in Regenbogenfarben -
Sekundenbläschen

Blüten schmücken sich
mit zarten gelben Blättern -
Zitronenfalter

Sternenklare Nacht
als wär der Himmel offen -
Entfernte Welten

Die Bäume feiern
farbenfroh Jahresausklang -
Auf ein erneutes Baumjahr

Frühes Tageslicht
Farbiger Sonnenaufgang -
Ein himmlisches Fest

Suchende Blicke
mit einem Zweig im Schnabel -
Wohin mit dem Nest?

Aus trister Kahlheit
wird ein grünlicher Schimmer -
Sträucher im Wandel

Wildes Geschnatter
Kinderstimmen mit Lockruf -
Am Dorfteich gibt's was

Ein Hahn bemüht sich
um morgentliches Wecken -
Frühes Erwachen

Kahle Ebene -
Feldblumen sind vergessen
wie ein alter Traum

Schon ewig hast du
Menschen den Weg gewiesen -
Heller Polarstern

Frohes Erntefest
Alles unter Dach und Fach -
Winter kann kommen

Da! Ein Kuschelnest
geformt auf dem Heuboden -
Katzenparadies

Schneeflocken fallen
Keine wie die andere -
Ein Spiel der Natur

Bei blauem Himmel
bunter Ring um die Sonne -
In der Höhe Eis

Zuerst das Flugbild
dann das laute Gezwitscher -
Die Schwalben sind da

Weißer Sand rieselt
durch gefühlvolle Hände -
Frohes Strandleben

Apfelblüte -
Ein erster Vorgeschmack
auf den knackigen Biß

Ziehende Wolken
erinnern an die Fragen
woher? und wohin?

Nestbau der Elstern
Man spürt die Begeisterung
Sie sind sehr eifrig

Gefühl des Fliegens -
Wir sollten nicht vergessen
wer es uns lehrte

Eine Kreuzotter
mitten auf dem Strandzugang -
Wärme macht glücklich

Der Flugverkehr
nahe der Scheune nimmt zu -
Bewegung im Nest

Aus Lebensfeuer
überspringen die Funken -
Alles ist nur auf Zeit

Lange verwurzelt
Spät zusammengewachsen
Zwei alte Bäume

Primeln brechen auf
Wohin soll der Weg gehen?
Spontaner Ausflug!

Amselsymphonie
vom Dach des Vogelhauses -
Hier ging es mir gut

Ein zartes Bäumchen -
Die Träume noch in Grenzen
als Schattenspender

Der Wind und das Meer
Erwachende Gefühle -
Ein blauer Schlüssel

Mäanderförmig
in die Landschaft gebettet -
Ein friedlicher See

Lotusblumenweiß -
Nachtblüten besingen die
Reinheit der Liebe

Wie ein Spiegelbild
zweiter Himmel auf Erden -
Ein Kornblumenfeld

Schatten im Dunkel
Was hat die Eule im Sinn?
Viel Nach(t)denkliches!

Bizarre Felsen -
Einsame Blütenwunder
träumen vom Fliegen

Im flimmernden Blau
Spiralnebel aus Wolken -
Kosmische Spiele

Blauer Ozean -
Tausendfache Windspiele
im Kornblumenmeer

Tropfen wie Herzen
Schirme bleiben geschlossen
Es regnet Liebe

Vogelgezwitscher
Sonnenblumen neigen sich -
Reich gedeckter Tisch

Goldene Tropfen
Geburt und Sterben so nah -
Sternschnuppenregen

Hände sind Brücken
Sie erschließen den Menschen
ganz neue Ufer

Zauber im Spülsaum
Gold in einer Herzmuschel -
Bernsteinmuschelchen

Zarte Melodien -
Schneeflocken singen im Tanz
des Winters Lieder

Im Innern versteckt
die Regenbogenfarben -
Geheimnis des Weiß

Aus Löwenzahngold
werden weiße Fallschirme -
Bei Wind der Absprung

Noch alte Früchte
neben neuem frischen Grün -
Sanddorn im Frühling

Erste Ausflüge
lassen den Himmel schwirren -
Mutige Schwalben

Tanzende Wolken
Übermut im Abendlicht
Naher Vogelzug

Hibiskusknospen
noch immer im Winterschlaf -
Sicher ist sicher!

Der Mond und Saturn
am Himmel scheinbar ganz nah
doch Welten trennen

Die Landschaft flimmert -
In der Ferne scheinen die
Bäume zu tanzen

Die Pflanzen scheinen
die Wolken anzubeten
Schon sichtbar der Durst

Vielleicht das letzte
Rendezvous in diesem Jahr -
Zwei bunte Falter

Noch dominiert Grün
Blüten heben die Schultern
Blätterfall beginnt

Die Pflanzen ahnen Winter
Nun wird es ihnen zu bunt

Zitronenfalter
auf dem Kurs ins Blumenmeer
Der Wind steht richtig

Schau! Blüten auf großer Fahrt
mit zwei goldgelben Segeln

Alles kommt und geht
So deutlich deine Botschaft
du rastloser Mond

In deinem Gesicht spiegelt
sich Mut – aber auch Angst

Ganz zugefroren
mit Tiefschlaf überzogen
Der ruhende See

Ein leises Knistern aber
kündet von seinen Träumen

Im Glück gefunden
Doch dann anderes Leben
Getrennte Wege

Immer aber werden wir
von einem Wasser trinken

Traurigkeit kommt auf
wenn Regentropfen fallen
denn der Himmel weint

Im Regenbogen aber
regnet es Freudentränen

Jeden Morgen neu
verlockend die Poesie
des Zufälligen

Worte werden geboren
als Brücken zum nächsten Tag

Zusammen säen
Früchte pflegen und ernten -
Dauerhaftes Glück

Durch gemeinsames Streben
sprießt die Saat der Zweisamkeit

Es lag ein Zauber
über dem Land des Sommers
Jetzt wirkt alles fremd

Die Farben haben sich mit
einem Grauschleier umhüllt

Frühes Tageslicht -
Der Teich verwandelt in ein
weißes Blütenmeer

Seerosen sind erwacht und
entfalten ihr Herz aus Gold

Blüten des Sommers
Ihr habt uns so reich gemacht
durch eure Farben

Nun ist verdiente Ruhe
bis zum frohen Erwachen

Gelber Frack im Schnee
Rote und blaue Kappen
tanzen vor Freude

Rundum ist buntes Treiben
Karneval am Vogelhaus

Helle klare Nacht
Der Vollmond fast im Zenit
Ein Zeitenwechsel

Die Wintersonnenwende
verkündet neue Hoffnung

Morgens betrachtet
eine eifrige Spinne
ihr gelungenes Kunstwerk

Aufgereihte Tautropfen
vermitteln Sinnhaftigkeit

Es darf auch einmal
ein Tee mit einem Schuss sein -
Rum bietet sich an

Man kommt nicht darum heRum
den Trunk auch nachzuladen

Kunstvolle Masken
Gesichter verstecken sich -
Es ist Karneval

Menschlichkeit feiert Siege
Ist das etwa nur Schminke?

Schiffchen aus Papier
suchen im quirligen Bach
seichtes Fahrwasser

Kinderaugen verfolgen
den Verlauf der Manöver

Er zaubert Gefühl
mit seinen zarten Farben
dieser Frühlingsbaum

In Weiß Rosa und Purpur
entzückt die Magnolie

Gefüllte Scheunen
Die Pflanzen waren durstig
Kurzzeitig Niedrigwasser

Der Kelch wird wieder gefüllt
sein für die keimende Saat

Verlust der Blüten
Alle Sinne spüren es
Wir sind nur auf Zeit

Nur Mut! Blumen des Frühlings
wollen gesehen werden

Offenes Fenster
Lobgesang der Nachtigall
Herrlicher Sommer

Pulsierendes Licht
auf der Suche nach dem Glück -
Zeit der Glühwürmchen

Das Ginkgoblatt geht
aber sein „Eins und Doppelt"
bleibt in den Herzen

Die Fliederknospen
noch in einem satten Grün -
Da! Ein wenig Lila

Nebel auf dem Feld
Der Himmel kommt zur Erde
um sie zu streicheln

Lausche den Stimmen
der schon lauen Abende -
Maiserenaden

Grün unter dem Schnee
Die Saat ist gut behütet
für reiche Ernte

Die schwarzen Wolken
entleeren wie ein Sturzbach
ihre nasse Fracht

Sie ziehen den Regenschweif
wie Quallen ihre Nesseln

Silber des Meeres
an Haken aufgereiht -
Es ist Heringssaison

Dann das Geschimpfe in der
Küche wegen Fischgeruch

Mit weiten Schritten
schiebt sie sich von der Stelle -
Eine Erdkröte

Der Weg zum Teich ist mühsam
doch das Ziel beflügelt sehr

Zielsicher raubt ein
Rabenvater dem Nachwuchs
die Beute im Flug

Lautes Gezeter setzt ein
wegen so großer Frechheit

Thomas Barmé

der sonne spiegel
das mondlicht die sternstunde
scheint jetzt für immer

ein kind schlägt ein rad
es dreht sich ums leben
der wind spielt nicht mit

aus heiterem himmel
eine feder am wegrand
flugs erinnerung

kreise und wellen
ein stein versank im wasser
der fluss weiß von nichts

der wind pfeift ums eck
pusteblume nimmt reißaus
das kartenhaus bebt

für der blüten duft
die sich abends zugetan
gibt's kein zurück mehr

die narben bleiben
keine spur vom guten – weiß
die blüte im haar

eingewintertes
licht verirrt unter lidern
obdachlos bleibt es

offenen auges
im gelassenen finden
was unsichtbar ist

eisblume draußen
drinnen das dunkle das herz
beide atemgepflückt

Alfred J. Signer

Der Knabe hat Angst
Die feuchte Hand greift meine
Still fliesst das Wasser

Das Schwesterlein lacht
Drei Leben am dunklen Strom
den Vater suchend

Die Lebensuhr tickt
Schwarz und schmutzig strömt der Fluss
Stare flattern fort

Festgefügt ein jedes Ding.
Goldgerahmt im hehren Bild.
Wo ich stehe, wo du gehst – wir sind
ausgeliefert dem globalen Wahn.

Karsten Beuchert

Welt der Berge - Berge der Welt

Leben für die Kunst.
Hokusai malt den Fuji.
Ich bin Betrachter.

Ararat. Arche.
Noah sei Dank: überlebt!
Doch: Gut für die Welt?

Symbol Kyffhäuser.
Friedrich wartet noch immer.
Gut so. Bleib' er dort!

Am Obersalzberg:
Der Führer strebt hoch hinauf.
Das Leid trägt: die Welt.

Blown up, blown away:
Caveat Mount St. Helens.
Phlegräisches Feld ...?

G Zwanzig. Chaos.
Auch dies eine Art Gipfel.
Mensch, Welt: Quo vadis?

Carsten Rathgeber

Gefrorener See
Licht blinzelt in Kristallen
Geklärte Sichten

Stummes Radio
Die Todesstille pausiert
Im geräumten Bett

Scherze erhellen
Blitzartig Beziehungen
Durchfluten Seelen

Deutliche Wörter
Doch mein Ohr hört dies und das
Aus fremden Welten

Laut streiten Stimmen
Ringen mit Empfindungen
Irgendwo im Kopf

Oh! – Mein Schlüssellaut
Zum Verlassen der Sprache
In die stumme Welt

Kirschen, süß und rot
Zähes Blut quillt und sickert
Verdunstet lautlos

Ein Zettel von dir
Lose in meiner Tasche
Sofort schlägt mein Blut

Lebensbilanzen
Regenbogenfarbe kleckst
In Seelenpfützen

Echoloser Ruf
Blutlose Verbindungen
Lebensleerer Welt

halt – halt – stopp
die erde jedoch dreht sich weiter
diskussionslos – PUNKT

unfassbar ringend
ertönt laut mein NEIN
zerbricht die Hoffnungen

vergeblich
der Tod protestiert ergebnislos
gegen die Liebe

Offene Kunst
Ich zeichne randlos meine Eifersucht
Meine Unwissenheit umklammert sie

Mein Mund wird schweigen
Ich jedoch werde reden
Er möchte küssen

Mein roter Faden
Beinah über Nacht zerfranst
Zerbröselte Welt

Duft von Verwesung
Zwischen Herbstfarben im See
Schwimmen und tauchen
Glockentöne erklingen
Freier Blick über Grenzen

Blutige Wunden
Kampfgelände der Schnitte
Risse im Selbstsein
Hautnarben berühren sich
Interferenzen des Glücks

Durch das Fenster fliegt ein Schmetterling
Mit ihm, er ist blau, ein Strahl
Ein rötliches Licht
In mir öffnen sich Räume
Überfluten die Grenzen
Ich schmecke die Ewigkeit

Die Trauer führt uns zur Grenze
Kaum hörbar das Ferne
Kaum sagbar das Fremde
In der Stille
Berühren die Schwebungen
Das Geflecht der Seele
Fäden klingen
Binden
An das Alte

hitze
fiebrig glüht die sommerhülle
doch ich sehn mich nicht zur kühle
ich fürchte meine phantasien
eisige schatten warten schon

Existenzlos: Wiederholungen
Innere Spinnenweben
Umhüllen das Ich
Leiten das Leben
Bei allen Wirbeln
Erzittert sich der Kompass
Seine Richtung

Schlehen
Wir sammelten im Herbst
Bläulich-schwarze Schlehen.
Gestern trank ich bei dir
Einen letzten Likör.
Es war so belebend.
(Sehen wir uns wieder?)

Ulrich Straeter

Nachts entlang der Rhône
hoffnungsvolle Fahrt nach Süden
herb schmeckt der Rotwein

Farben leuchten licht
am Hang steht die Malerin
die Pinsel im Gras

Blättert die Seiten
denn der Wind kann doch lesen
ich lehrte es ihn

Dort am Wegesrand
im Lehm kleine Kartoffeln
Ein Erntedankfest

Biergarten im Licht:
Sympathiekompositum!
Wir trinken zwei Pils

Wild zucken Blitze
wir eilen in die U-Bahn
Dort regnet es durch

Scharbockskraut
am glitzernden Bach
leuchtet gelb

Kleeblätter
zeigen des Frühlings
frischen Duft

Wörterspiel
Dichten von Haikus
Kunst brotlos

Wir pflanzen Knollen
in der kalten Jahreszeit
leuchten Ostern gelb

Horch!
Meise ruft.
Schön.

Komm,
lass dich seh'n!
Du.

Ruf
in den Wind
Wen?

Kommt
Mückenschwarm:
sticht!

Schlag
den Nagel!
Sitzt.

Zwölf!
Mitternacht.
Huh!

Ilse Straeter

Etwas Schnee liegt noch
doch nur auf den Nordseiten
der Maulwurfshügel

Lilaleuchtendes
aus winterblattbraunem Beet
Krokus oder Müll?

Flatternde Schatten
am Sommerabendhimmel
Fledermaus fliegt aus

Wie lange noch blühst du
Obstbaumweise am Dorfrand
Der Bagger wartet

An schneeweißer Wand
sitzt volltrunken die Mücke
was soll ich nun tun

Träumen die Farben
in nächtlicher Dunkelheit
vom Licht des Morgens?

Vollmond und Wolken
Nachthimmel – Theaterstück
mit Überlänge

Stürmischer Sonntag
Das Meer fliegt tief am Himmel
Wir wandern trotzdem

Herrchen und Frauchen
am Hundestrand von Noordwijk
gehorchen sehr gut

August Bromkamp

Zitronenfalter
tanzend bewegen sie sich -
der Frühling ist da.

Ein Kohlmeisenpaar
jagen sich durch die Lüfte -
alles nur Vorspiel.

Knospen brechen auf,
die tote Zeit ist besiegt -
Leben hält einkehr.

Fließendes Wasser
zeichnet bewegte Bilder
schöner als Gemälde.

Majestätisch zieht
der Bussard seine Kreise -
suchend auf Beute.

Die Kühle der Nacht
legt Tautropfen auf Gräser
als Trunk für den Tag.

Morgentau glitzert
im Licht der Sonnenstrahlen
wie klares Kristall.

Marko Ferst

Katzen-Haiku

Die Katze spaziert
auf dem Dachfirst der Scheune
Sternenlicht silbern

Die Akrobatin
turnt auf dem Weidengeäst
Absturz ins Wasser

Hascht nach dem Geräusch
der Stab über dem Teppich
die Pranke schlägt zu

Aufgeklinkt die Tür
geschlichen in die Stube
gerollt auf der Couch

Fisch auf dem Teller
auf den Boden geplatscht, sieh!
die Katze schmatzt laut

Vorwärts treiben uns
die ersten Paddelschläge
der Regen beginnt
unter der Brücke warten
später Septemberwärme

Der Fluß strömt dahin
südöstlich zwischen Bäumen
roter Kupfermond

Die Kranichfelder
ein Flattern und Trompeten
Anflug auf Wälder

Fliegende Glüher
grün treiben sie im Nachtwind
es wird bald kühler

Von Gelb übersät
Butterblumenschnee leuchtet
heute wird gemäht

Durch enge Gassen
in Venedigs Stadtfluchten
Boote verlassen

Wolf Weldener

Ich schrieb ein Gedicht.
Wann wirst du es mal lesen?
Ich schrieb es für dich.

Manchmal möcht´ ich nur
Worte zu Papier bringen.
Warum? Einfach so.

„Kling, du Glöckchen kling",
Schallt es in den Geschäften.
Es weihnachtet sehr.

Nicht mehr so viel Zeit
Und dann geht der Flieger weg.
Noch einen Kaffee.

Kaum höre ich auf,
das Glück eifrig zu suchen,
da kommt´s auf mich zu.

Am Strand

An Maltas Rändern
gibt es so viel blaues Meer
und Sonne dazu.

Wie Pinguine,
sind Menschen auf den Felsen,
Handtuch an Handtuch.

Die Bäuche wabbeln,
und auch die schönen Körper
fallen ins Auge.

Alles will braun sein
und zwischendurch mal schwimmen
im klaren Wasser.

Und manche Rothaut
wird in der Nacht nicht schlafen.
Schönheit muss leiden.

Was wäre denn, wenn
sie einmal tauschen würden,
was das Land betrifft?

Feuerlandspitze,
der Name klingt nach Hitze
nah der Antarktis.

Dort sind die echten
watschelnden Kolonien
von Pinguinen.

Ich bin so anders:
Ich habe keine Tatoos
an meinen Armen.

Die jungen Mädchen
und auch die jungen Männer
sind voll davon.

Und ihre Rücken,
die Schultern und die Beine
sind Galerien.

In ein paar Jahren
werden sie zu sich sagen:
„Was war ich so dumm!"

Fußball

Oh diese Rundung!
Männerblicke folgen ihr
mit heller Freude.

Sie wird getreten
von so viel starken Beinen,
sechs Viertelstunden.

Manchmal liegt sie da,
dann kommt einer gelaufen
und kickt sie weit weg.

Manchmal landet sie
in einem großen Netzwerk.
Jetzt jubeln viele.

Und ein Mann läuft mit,
der hat nur eine Pfeife.
Damit macht er Lärm.

Wenn einer hinfällt,
dann gibt es oft ein Streiten
und eine Strafe.

Wer schnell rennen kann
und auf die Rundung eindrischt,
wird oft gut bezahlt.

Der mit der Pfeife
bestimmt, wann alles aufhört.
Wir gehen nach Hause.

Martin Berner

Geburtstag
der Witwer
kocht zwei Eier

Schuhkauf
der Ehemann
liest Dostojewski

Großmutters Kochbuch
in Schönschrift
Paschas Leibgericht

Skispringen
sein Rücken ganz flach
Richtung Fernseher

Dauerregen
da vorn
lacht einer

diese Nachtigall
sie meint mich

Olivia Wöstehoff

Zwei Grillenrufe
Hallen am Fenster entlang –
Ich hasche Sommer

Sonnenstrahlen, sieh!
Durch das leere Fensterglas
Hört man sie flüstern

Sommerregen fällt
Wind zieht sanft seine Spuren
Kurz nur zu bleiben

Sommernachtzirpen
Als ein Licht, in die Welt, vom
Stummen Himmel fällt

Die Kathedrale.
Aus geweihten Flammen
Zünde ich ein Wort

Nach dem heißen Sprint,
Sommerregen, atemlos,
Keucht auf meine Brust

Schwalbenschrei hallt herbei
Durch helle Sommernacht
Welch´ paradoxe Schmeichelei!
Der hohe Schrei die helle Pracht
In Winde zu zerreißen scheint

Marion Blum

Wege trennen sich
Erinnerungen bleiben
Der Fluß des Lebens

Neben dir gehen
Verständnis ohne Worte
Atem holen – Kraft schöpfen

Das Neue wagen
Altes hinter sich lassen
Mut kennt kein Alter

Klirrende Kälte
Geruch nach Zimt und Nelken
Nach Hause kommen

Abenddämmerung
In Gedanken spazieren
Wege ins Traumland

Oft an dich gedacht
Aus den Augen verloren
Ein Wiedersehen

Waldboden spüren
Alltag hinter sich lassen
Die Seele atmet

Verloren geglaubt
Vermissen und loslassen
Ein Anruf von dir

Picknick im Grünen
Reden über Dies und Das
Das Glück braucht nicht viel

Stille zwischen uns
Hörst du nicht mein Herz klopfen
Hinter der Mauer

Ellen Philipp

Nächtlicher Reim

Ein Reim des Nachts, das wäre schick!
Ach wär es doch ein Limerick!

So liege ich in meinem Bett:
Ein Haiku wäre auch ganz nett.

Ja, ein Sonett wär mir ganz recht,
denn die kann ich nun wirklich schlecht.

Doch wie´s so ist mit mir alleine:
Es kommen einfach immer Reime!

Frost

Eisige Luft
Rein, ohne Duft

Vermummte Gesichter
Schummrige Lichter

Wäsche gefroren
Mützen auf Ohren

Pfützen mit Eis
Raureif schneeweiß

Lachende Kinder
Ich liebe den Winter!

Gesagt

Gesagt ist gesagt
und ungefragt
gibt´s damit ein Problem
weil´s unbequem.

Nun ist das Gesagte in der Welt
und missfällt.

Ich

Ich
Ich liebe
Ich liebe ihn
Ich liebe diesen Tag
Ich liebe diesen Tag und lebe
Ich lebe diesen Tag und liebe
Ich lebe diesen Tag
Ich lebe ihn
Ich lebe
Ich

Helmut Tews

Es war eine Lady am Strande
die lag ganz gemütlich im Sande
sie streckte den Po
in die Gegend so froh
und schuf sich so viele Bekannte.

Einem braven Mann in Halele,
dem war so trocken die Kehle,
da trank er ein Bier
und noch drei oder vier
und schwankte dann wie die Kamele.

Wie schön ist es

Wie schön ist es, im Gras zu liegen
sich an den andern anzuschmiegen
die Augen einfach zuzuschließen
den Augenblick an sich genießen.

In einer Straße in Marseille

In einer Straße in Marseille
durch die ich äußerst selten geh
begegnete ich einer Kuh
ich sagte hallo und sie muh.

Kieselwiesel

In einen rosa Kieselstein
biß ein junges Wiesel rein
denn niemand hatte ihm verraten
nicht jedes Rosa ist ein Braten.

Wenn die Eisbären

Wenn die Eisbären
nicht weiß wären
sondern schwarz, grün oder rot
dann wären sie schon alle tot.

Manfred Burba

Optimist und Pessimist

Der Optimist sagt von der Welt,
dass er sie für die beste hält,
dem widerspricht der Pessimist,
weil er nicht seiner Meinung ist.

Des Pudels Kern

Dem Teufel, nein, dem glaube nicht,
was immer er dir auch verspricht,
denn er verschweigt dir allzu gern,
die Wahrheit und des Pudels Kern.

Das flüchtige Glück

Das Glück zu finden, ist meist schwer,
es kommt nicht einfach so daher
und ist es doch einmal so frei,
dann geht es unbemerkt vorbei.

Menschliche Geräusche

Es ist der Mensch, so er denn will,
in seinem Leben auch mal still,
doch macht er, wenn ich mich nicht täusche,
selbst dann noch menschliche Geräusche.

Die drei Fragen

„Was kann ich erkennen, was soll ich tun?
Was kann ich am Schluss mir erhoffen?“
Die Fragen, sie lassen mich nicht mehr ruhn,
bin ich doch von ihnen betroffen!

Grund zu reisen

Auf Reisen gehn, ist sehr beliebt,
wenn es woanders etwas gibt,
das man an seinem Ort vermisst,
weil es an andrer Stelle ist.

Investigative Journalisten

Sie sind die Kritiker der Welt
und lassen sich nicht bekehren.
Der Teufel hat sie angestellt,
um uns das Fürchten zu lehren.

Erika Maaßen

Limerick

Mich ödet an mein weißes Kleid
Ich bin des Sternenstaubs so leid
Will böse sein
Kein Engelein
Der Himmel hat noch lange Zeit

Bleischwer drückt mich der Heil´genschein
Will lieber in der Hölle sein
Mit bösen Knaben
Viel Freude haben
Des Hades Fürst lass mich hinein

Das Engelchen stampft mit dem Fuß
Es sehnt sich nach der Hölle Ruß
Nach Bier und Schnaps
Dessous und Straps
Zum Himmel geht ein Abschiedsgruß

Advent war nicht anders als jedes Jahr
trotz Vorsatz es kaum mal besinnlich war
mussten viel backen
Geschenke verpacken
manch Wünsche erfüllen die kaum machbar

Trotz Planung geschah uns manche Panne
wir stehen bald an der Weihnachtstanne
singen du fröhliche
oder feuchtfröhliche
hoffen auf Gaben vom Weihnachtsmanne

War eine Frau in Rath-Heumar
der heute etwas nicht klar war
die Schuhe schön blank
ist Nikolaus krank
Stiefel leer ist doch sonderbar

Beim Liebesakt der Meisterklasse
schubst er sie von der Dachterrasse
er wollte den Kick
ihr brach das Genick
sein Spielzeug liegt jetzt in der Gasse

Er sah den Mädels hinterher
was dumm war im Berufsverkehr
die Mädels lachen
als Autos krachen
jetzt ist seine Lust weniger

Äbtissin Hildegard von Bingen
der kann ein Einbruch nie gelingen
Schüsselblumen zu zart
haben auch keinen Bart
nur einer aus Stahl kann es bringen

Drei Kölner Spatzen hocken auf kahlem Ast
haben den Abflug nach Süden verpasst
sie sitzen und warten
kein Korn mehr im Garten
sind auf dem Balkon ein hungriger Gast

Das Wasser von Köln soll sehr gut sein
doch kehrt man viel Dreck in den Rhein rein
drum wasch meinen Pelz
für ein Gott vergelt´s
das spart mir den Gang in den Knast rein

Der Derwisch beim Tanz um das Feuer
macht Angst mir ist mir nicht geheuer
er blinzelt mir zu
lässt mir keine Ruh
lockt magisch mich ins Abenteuer

Die Geisha geborgen im Teehaus
geht niemals bei hüfthohem Schnee raus
die Getas nicht zu
sie hat jetzt im Nu
eiskalte Füße oh welch ein Graus

Ich möchte eine Geisha küssen
doch will ich gerne vorher wissen
ob sie mich liebt
wenn sie sich gibt
oder liegt sie auf vielen Kissen

Im Teehaus schläft fest Geishas Freier
er hatte gekotzt wie ein Reiher
pudrig deckt im Nu
der Schnee alles zu
jetzt erholt er sich von der Feier

Ein Foto geknipst vor wolkenlosem Himmel
roter Ahorn und Politikergewimmel
schamrot mein Gesicht
das der Minister nicht
sie füttern in Berlin ihren Amtsschimmel

Ein braver Mann aus Theben
benahm sich mal daneben
er wurde frech
das war sein Pech
bezahlte mit dem Leben

Jäger Hubert aus Geilenkirchen
kann nicht mehr mit den Zähnen knirschen
die Dritten zu teuer
drum musste er heuer
sich zahnlos an die Damen pirschen

Ein Käfer mit Vornamen Gregor
beim Marathon er ein Bein verlor
Jetzt hat er noch sieben
wer soll ihn so lieben
doch Liebe kommt bei Kafka nicht vor

Wer wird Mill´onär fragt uns Gerda
vermutlich gewinnt es der Herr da
sie möcht mit ihm teilen
hängt schon in den Seilen
fliegt auf den Gewinner aus Dingsda

Mir geht's nicht gut versinke im Schlamm
in meiner Brust mein Herz ist so klamm
da hilft oft ein Korn
aus dem Klappenhorn
nur so erträgt man das Fernsehprogramm

Helga hat stets nur das Beste gewollt
kann nichts dafür dass der Chef jetzt grollt
doch packt sie mal Reue
sagt sie sich auf´s neue
ich kämpfe hier wird nicht geschmollt

Eva sucht nach wahrem Sinn der Liebe
Adam verpasst ihr wütende Hiebe
erkennst du denn nicht
wenn der Hafer mich sticht
wenn mich wieder überfallen Triebe

Mich traf in der Nacht ein gar schweres Los
ich musst übers Wasser auf einem Floß
nun steh ich am Fluss
weil ich rüber muss
mach vor lauter Angst wieder in die Hos´

Ein süßes Mädchen ging früh ins Bett
das fanden Flöhe und Läuse nett
sie saugten sie aus
Flöhe und auch Laus
tanzten berauscht Flohwalzerballett

Die Leguane haben es gut
der Mann seine Frau befruchten tut
sie legt dann ein Ei
Elternschaft vorbei
noch mehr enthält nicht ihr Erbgut

Mir ist eine Katze zugelaufen
deshalb brauchte ich keine zu kaufen
täglich bringt sie ´ne Maus
frisch gewaschen ins Haus
spielt dann im Zimmer ums Leben laufen

Sagt einer zum andern Albatros
setz dich nicht immer aufs hohe Ross
du kannst schlecht fliegen
ich kann schlecht fliegen
doch du träumst nur ständig vom Luftschloss

Frau Meier hat ein Gedicht geschrieben
bei dem kein Auge trocken geblieben
Herr Meier macht keins
mag nicht irgendeins
kann nur lustige Limericks lieben

74

Ein urlaubsreifer Mann aus Lünen
will Ruhe finden in den Dünen
Strandgut er dort fand
er nahm sie im Sand
muss dafür ein Leben lang sühnen

Zufriedenheit ihr einziges Ziel
denn dazu brauche sie gar nicht viel
ist zärtlich und treu
stets verwirrend neu
perfekt und geschickt beim Liebesspiel

Zwei Trottellummen aus Helgoland
stürzen vom Felsen hart in den Sand
sie jammern oje
der Kopf tut uns weh
und wanken vom Strand mit Kopfverband

Beim Liebesakt der Meisterklasse
stieß er sie von der Dachterrasse
gewollt hat er´s nicht
sagt er vor Gericht
er selbst es noch immer nicht fasse

Tanka

Im Dunkel der Nacht
da ich zu schlafen glaube
haucht deine Stimme
über verschneites Feld her
Liebesworte in mein Ohr

Wetter grau in grau
sehne den Frühling herbei
träume mir Tulpen
maltest sie mir liebevoll
Sonnenstrahl zwischen Wolken

Durch Schnee zartes Grün
lang kann es nicht mehr dauern
trotzt schon der Kälte
länger werden die Tage
auch die Hoffnung wächst täglich

Dunkel wurde es
am Tag als die Sonne ging
doch in mir war´s hell
Frühlingsanfang ist heute
spür es seit einiger Zeit

Kirschblütentage
gleichen der ersten Liebe
klimasensibel
wehn vorbei wie ein Windstoß
ein Hauch von Frost kann töten

Rosaroter Schaum
endlich ist sie wieder da
die Kirschblütenzeit
ein Loblied singt die Amsel
dem erwachenden Frühling

Fand am Wegesrand
eine große Mohnblüte
pflückte sie nicht, knipste sie
Jetzt ist sie für ewig mein
bleibt frisch bis an mein Ende

Ende des Weges
weiterkommen ist versperrt
ziehe Schuhe aus
kriech unterm Stacheldraht durch
steh auf und wandre weiter

Tränenüberströmt
im Paradies ein Pfarrer
was sagt mir das wohl
die Erfahrung macht mir Angst
Furcht vor eigenen Träumen

Wir sind es gewohnt
uns alles zu erzählen
und lang ist ein Tag
wie leben daher zweimal
vergaß nur du bist nicht mehr

Ein Drang zu schreiben
Worte inniger Liebe
doch es war zu spät
tränenüberströmt liest sie
Empfänger ist unbekannt

In dunklen Gassen
Gespenster zwischen Mauern
werd ich das Opfer
Laternen schon erloschen
nur ein Blutrot leuchtet noch

Wie mag es wohl sein
seine Wurzeln zu kennen
fühl mich wurzellos
Sachse Schlesier Ostpreuß
wohin gehöre ich noch

Sie schwebt durchs Leben
als hätt sie nie mit Füßen
den Boden berührt
ihren Kopf in den Wolken
ihre Sinne erdenfern

Hätte ich Flügel
ich brauchte nicht zu gehen
wär beschwerdefrei
Spatz hat es gut, weiß es nicht
man will stets was man nicht hat

Verwirrt hat es mich
von dir geliebt zu werden
konnt es nicht ahnen
fand jetzt zwischen den Zeilen
was tief drinnen verborgen

Du sprichst von Zahlen
die ich nie begreifen kann
erwartest Verstand
doch ich träume von Liebe
die mein ganzes Sein erfüllt

Über schroffem Fels
Stürzt sich das Wasser zu Tal
will Ruhe finden
so wird einst meine Seele
ihm nachfolgen in den Tod

Helle Herbstlichter
Illusion lässt Hoffen
Winter noch so weit
doch unaufhaltsam sind sie
die Herbstzeichen der Liebe

Zart dein Pinselstrich
hast die Natur gut erfasst
schreibst auch gern Haiku
wie sind wohl deine Küsse
wie das Streicheln deiner Hand

Spür Geborgenheit
doch lass mir Luft zu atmen
Freiheit mir wichtig
mich einsperren undenkbar
sei es auch im Blumenmeer

Der Herbst nahm Abschied
erste frostkalte Tage
lassen uns frieren
Sommerschönheit vergangen
noch wärmt ein Sonnenstrahl

Verrücktes Wetter
sitz im warmen Sonnenschein
Schneeglöckchen blühen
nasch auf dem Balkon mein Eis
Kalender lügt Dezember

Träumt die Nacht von dir
wolltest immer bei mir sein
ob mir das gefiel
müsst alles mit dir teilen
Räume Freundschaften Freiheit

Am Abendhimmel
zwischen noch kahlen Bäumen
Wassermelone
glaubte erst es sei der Mond
doch könnt er so aussehen?

Du Vogel der Nacht
fängst die Beute im Dunkel
während ich schlafe
höre ja deinen Lockruf
Fühl mich nicht angesprochen

80

Druck auf meiner Brust
Meer scheint wie flüssiges Blei
abweisend und starr
doch es ist nichts anderes
als das Meer am Sonnentag

Schwer der Gang zum Licht
doch der Blick aus dem Dunkel
lohnt banges Hoffen
Nicht einfach der lange Weg
bis hin zum Regenbogen

In schlafloser Nacht
erwacht aus Vergangenheit
manch garstiger Geist
macht mir so bleischwer das Herz
hindert mich am einschlafen

Renga

An der Sichel des Mondes
häng ich meine Träume auf
Rundet sich der Mond
rutschen die Träume abwärts
Böses Erwachen
Nähert sich nun der Vollmond
fessle ich meine Träume

Flammendes Spiel der Farben
Rausch vor dem nahen Ende
aufbäumend im Tod
wehrt sich heftig die Natur
letzte Sonnenglut
Und doch schon ahnt man den Hauch
der kommenden Winterszeit.

Herbstfarbenes Laub
Gehen wir über die Brücke
wartet dort Frühling?
Hier empfinden wir Wärme
Was bringt das andre Ufer?

Wildgänse ziehen
Der Mond verabschiedet sich
Warum so traurig
Alle ruhen sich nur aus
für den kommenden Frühling

Ehe der Herbst kommt
mit Kälte Regen Stürmen
und Melancholie –
noch einen Schluck vom Nektar
Stärkung für rauen Winter

Allein sein ist nichts
In der Weite verloren
im Meer des Lebens
Doch zu zweit alleine sein
ist noch unendlich schlimmer

Haiku

Sehnsucht nach Freiheit
Überdruss des Gewohnten
Blick über den Zaun

Wohin führt der Weg
Du wirst es nie erfahren
außer du gehst ihn

Sag mir gute Nacht
spiel mir ein Lied übers Meer
Wind trägt es zu mir

Rote Rose weint
Sie erreichte nicht ihr Ziel
verwelkt jetzt bei mir

Ob ich weinen darf
über mein Ungelebtes?
Ich mach´s still für mich

Gestörte Umwelt
Im herbstlichen Spinnennetz
nur welkendes Laub

Trotzig blühe ich
mag ringsum alles welken
Ich, Sonnenblume

Briefe voll Liebe
Sie steht zwischen den Zeilen
Du musst nur suchen

Letztes Aufbäumen
Blüten zwischen Herbstblättern
Wie Liebe vor Tod

Sehnsucht nach Liebe
Sei es auch nur auf Papier
Entflammt wärmt es

In meinen Träumen
entschwindest du im Dunkel
Liebe spendet Licht

Zu plötzlich der Frost
Unerwartet über Nacht
Überlebe ich?

Im Tal hier unten
kommt dir alles dunkel vor
Schau, oben wird's hell

Wie wenig man braucht
- Reise ins Gestern im Traum -
um glücklich zu sein

Ruhelos am Strom
Kalt und bleich dein Mondgesicht
Dumpf pocht Sehnsuchtsherz

Dunkel die Trauer
Erkenne die Botschaft nicht
Angst mein Begleiter

Der Schleier reißt
Nackt steht die Wahrheit vor mir
Abschied für immer

Sinnlos mein Gebete
Ich nehme Abschied von dir
Tränen letzter Gruß

Wind packt mein Segel
Aufbruch zu neuen Ufern
Wohin treibt mein Boot

Auf Wellen reiten
In den Stürmen des Lebens
Gleichgewicht halten

Ohnmachtgefühle
betende Hände eiskalt
Was gibt mir Wärme

Vorbei die Träume
Nichts wünsche ich mir von dir
Wichtig nur du bist

Oh, so kalt ist mir
Sonnenschein erbarmungslos
Doch nicht mehr für mich

Gute Gespräche
Verständnisvolle Freunde
Vertreiben Wolken

Ein Brief voll Liebe
Sie steht zwischen den Zeilen
Du musst nur suchen

Schön war es einmal
Sehnsucht nach vergangnem Glück
Lang schon ist es her

Vom Traum umfangen
Abgeschnitten von der Welt
Öffnen sich Türen

Rosenblütenblatt
Belebt einsamen Waldsee
Sommers letzter Gruß

Durch Leid zur Tiefe
Im Leben hat alles Sinn
Du musst ihn finden

Warum Ent-täuschung
Ist es der Täuschung Ende
Gute Entwicklung

Worte quälen nachts
Habe Haiku geschrieben
Bei Sonnenaufgang

Blick zu fernem Ziel
Trittsteine Wasser umspült
Begleiten Sehnsucht

Schön ist die Liebe
Wenn das Begehren vorbei
Nie war sie so tief

Feinde am Fenster
Belagerung Tag und Nacht
Furcht vor Attacken

Schau zu den Sternen
Unserer Augen Blicke
Treffen sich im All

Grüner Bambushain
Liebe in deinem Schatten
Und Buddha lächelt

In meinen Träumen
Irr ich durch dunkle Gassen
Wer spendet mir Licht

War´s meine Heimat?
So lange ist es schon her
Doch Träume quälen

Nein, ich mag dich nicht
Du hast mein Herz erbeutet
Und nun ist es deins

Wind zwingt die Ähren
Sich huldvoll zu verneigen
Vor dem roten Mohn

Herzensbindungen
Wie ein gordischer Knoten
Nur Tod kann trennen

Kleine Klatschmohnfrau
Mit den staunenden Augen
Lebensfreude pur

Erhoff nicht zu viel
Nimm die Gaben des Lebens
Wie sie dir geschenkt

Bin ein Beutetier
Komm spiel mit mir Katz und Maus
Doch nimm dich in Acht

Ich bin Optimist
Pessimisten tragen Schirm
Und ich werde nass

Fremde Grabstätten
Endstation vieler Träume
Hoffnungen bleiben

Im luftleeren Raum
Bin ich ein Nichts ohne dich
Du bist mein Odem

Über den Dächern
Im Bündel tödliche Last
Naht Gevatter Tod

Bilder martern nachts
Traumloser Schlafzeit Ende
Begrüße Wach-Zeit

Eintritt verboten
Für der Liebe Freud und Leid
Klettre übers Tor

Liebenswertes Tier
Doch alles hat zwei Seiten
Auch jeder Kater

Grins du nur blöde
Du bist und bleibst ein Saubär
Ich traue dir nicht

Fragend sein Gesicht
Er sucht die Antwort im Bach
Wo ist die Liebste

Aufgewühltes Meer
Dunkel meine Gedanken
Dürr das Sommergras

Pantun-Haiku

Begann zu schreiben
Gedichte Texte ein Buch
Vor vielen Jahren

Such jetzt ein Pantun
habe dreißig zur Auswahl
und noch kein Ende

Was mache ich nun
höre ich auf zu schreiben
oder zu suchen

Dieter Geißler

Feuer im Kamin
vergessen der Alltagsstress
es ist Kuschelzeit

Warmer Sommerabend
klar ist der Sternenhimmel
feiern ein Gartenfest

Vollmond leuchtet hell
meine Seele erwacht
schreibe ein Gedicht

Silvesterböller
bunte Sterne blitzen laut
es ist Januar

Blätter fallen sanft
beim Laufen raschelt das Laub
ein Herbstspaziergang

Kalter Februar
schöne Schneeflocken fallen
ich bin ein Wassermann

Wind bläst kräftig
bunte Drachen am Himmel
Herbst ist gekommen

Plötzlich Stromausfall
Kerzen erhellen den Raum
es ist gemütlich

Rhön – meine Heimat

Eine Silberdistel
sie glänzt im Sonnenschein
das Edelweiß der Rhön

Pilgern auf den Berg
dem Herrgott näher kommen
Mönchskloster Kreuzberg

Panoramablick
Wanderung zur Milseburg
die Perle der Rhön

Unverwechselbar
Land der offenen Ferne
die Natur intakt

Ralf Hilbert

Alte Kakteen auf dem Treppenabsatz -
Verzicht.

Die Gedichte
in zwei Tagen.

Meinen Frieden gemacht.

Er auch.

In memoriam
Dieter Leisegang

Halb vier,
früh -
Advent
am Tisch
des Pathologen -
die Kerze blutet rot.

Mangel an allem,
die Ängstlichen im Lager -
des Sommers Lose.

Nach Weihnachten -
Schnee, Blut - und vielleicht ein langer Sommer.

Noch eine Woche,
dann ist der Sommer vorbei,
lehrt die Geschichte.

Seinsphilosophen:
in dem Moment des Todes
noch davonlaufen.

Du bist es nicht - Schrei,
sie sind die anderen, bös -
des Herbstes Güte.

In der Welt, ganz rauh,
ohne Erinnerungen -
die feste Nahme.

Hintergrundstrahlung:
Scher dich fort Schizophrenie -
halt dich ans Schneien.

Nächtlicher Besuch,
jemand, der sich erinnert -
ohne Gewissen.

Noch ist es Sommer,
du sagst, der Tod ist nicht so,
ein simples Gleichnis.

Was geht um mich vor,
weiß es nicht, niedriger Mensch,
Zeitgenossenschaft -
dem Verhör widerstanden,
die verlorene Zunge.

Blutiges Panier,
die Angst schon halb da, weint er -
Herbst geht nicht mehr weg,
des Oktobers volle Flut -
Ritter im schneeigen Feld.

Unausgesprochen.
Das Wort blieb, das des Sommers.

Was geht um mich vor,
weiß es nicht, niedriger Mensch,
Zeitgenossenschaft -
dem Verhör widerstanden,
ohne Namen fortleben.

Der Mystagoge

Die Zimmerluft auf beiden Händen nach draußen tragen,
den Staub wie einen weiten Schleier im Ganzen aufnehmen -
das ist die Kunst.

Mangel an allem,
die Ängstlichen im Lager -
des Sommers Fahne.

96

Eschatologie

Wer bin ich. Was ist -
ich bin noch nie gestorben.

Januar

Ein sauberer Schnitt
am Hals, kalt präziser Schliff -
die Spur der Wölfe.

Nicht du bist es - falsch,
sie sind die anderen selbst -
des Herbstes Maske.

Paar schwarze Äpfel
in den Zweigen, fern, ein Hund -
Dezemberregen,
die Hände in den Taschen -
das Rauschen meines Blutes.

Weihnachten 2017

Urteil -
der spricht, der nie gesprochen hat.

Geht dunkel das Jahr -
Lachen der Menschen im Herbst,
warm, die braune Brust.
Still wird es in der Allee,
wenn Mitternacht kommt heran.

Des Tages Herkunft,
rätselhafter Kalender -
des Sommers Münze.

Winterabend

Es schneite den ganzen Tag -
das Tröpfeln tauenden Schnees - warten;
die Schönheit, der Tod.

Die Kälte hält dich,
das Eis
gibt dich frei.

Mangel an allem,
die Ängstlichen im Lager -
des Sommers Flöte.

Roberts Herz

Da war er schon krank;
es schneite den ganzen Tag -
das schöne Leben.
Die Einsamkeit im Wachsaal,
eine letzte Spur im Schnee.

Weihnachten 1956

Was geht um mich vor,
weiß es nicht, niedriger Mensch,
Zeitgenossenschaft -
dem Verhör widerstanden,
ohne Zeugen fortgehen.

Mozart

Es ist die nackte Angst in seiner Musik -
nicht die Heiterkeit.

Noch eine Woche,
dann ist der Sommer vorbei -
Glaubensbekenntnis.

Traue mich nicht mehr -
beißt in meine Hand, sage:
Ist das der Winter?

Entlassen

Als wenn nichts gewesen wär' -
nur manchmal singt sie noch.

Entlassen II

Du redest mehr als früher -
ist mir etwas entgangen?

Entlassen III

Der Chor der Wespen in den Linden,
nur Sommer, nichts sonst,
vielleicht noch - wir
(das bist doch du?).

Entlassen IV

Mir ist, als gingest du wieder fort,
irriger Gedanke, vielmehr nachhaltig,
darf nicht zur Gewöhnung werden.

Entlassen V

Ein böser Traum, inzwischen,
antiker Stoff und fast
nicht mehr unheimlich.

Entlassen VI

Als du fort mußtest, war noch Winter -
nichts bleibt davon.

Entlassen VII

für Katja

Mit wessen Hilfe:
du, da hätte es vorbei sein können,
damals, Ende Februar
(da warst du gerade fort),
kaltgestellt, das Stück Stahl,
die Klinge im Nacken, Flocken im Haar
(du sagst jetzt nichts?) -
Vorgeschmack aufs Alter,
wir bleiben länger -
andere spätere Winter
blühen uns wieder.

100

Innenminister
Nulluhr-Nachrichten

Ein Sommer wie nie:
selten Schüsse.
Das nennt er „kämpfen", das nennt er „Überzeugungen".
Auch eine Moral.
Wie Blut stinkt in der Sonne
am Kreuz.
Nichts erinnert mehr
an ihn *schweigt*
die Geschichte.
(3. Juli 2018)

Jahrhundertsommer

Warum der Nachrichtensprecher
noch nach Wochen
solche Verve in die dreiunddreißig Grad legt.
Frohe Botschaft.
Schinder.
Und du liebst mich
es geht.

(2018)

Anachronismus

Einen Buchlaib aufschneiden,
mit dem Schälmesser,
auf dem Küchentisch.
Kunststück.
Dunkles Handwerk.
In unseren Zeiten.

Kurzes Gewitter

Bin die Träume satt,
die gewaltigen Nächte -
die Tauben rufen.

Im Bus, im Juli

Ihre Augen
sind frei für alle.
Ich bin dunkel.
Ich habe niemanden getötet.

Es war kein gutes Leben,
nur Text.
Juli, rückenkühl die Lehne,
nichts ernstes -
dein Konzert.

Tobias Tiefensee

im modegeschäft
auf abgesessenem leder
wartende männer

in der straßenbahn
zweiundzwanzig fahrgäste
keiner hebt den kopf

unter dem kanu
das leck schlug letzten sommer
blühen krokusse

die kassiererin
ich schenke ihr mein lächeln
sie behält ihres

vor dem badspiegel
sie tanzt und singt
in ihren Föhn

plausch am marktstand
ins gespräch verwickelt
er sie und käse

In der nacht
hat er sein bett verlassen
der alte fluss

Susanne Ensthaler

Unendliches durch
dich durcharbeiten lassen.
Endlich.

Zwei weiße Wolken
im gleitenden Miteinander
fern so nah. So Wir.

Ein Eisvogel ruft.
Der Wintervollmond sinkt
ins C-Moll-Vergessen.

Wortgenügsamkeit,
Kaffee French Press ohne Milch.
Ein Morgenhaiku.

Apfel Birne Schleh
Quitte Mispel Haselnuss
Leycesterie

Bisweilen
ziehen die Stunden wie Wüstenschiffe im Sande lang

Peter-Michael Fritsch

HAIKU alter Stein
Trilobit meiner Seele
Du bleibst – wer wird gehn

Vom Dach rinnt Regen
Sturm, warum tost du ums Haus?
Herbst tropft in mein Herz

Malachitatem
Erstarrt in felsgrünem Glas
Schlag zehn kommt der Mensch

Als er mal einen
Haiku sah, erlegte er
Ihn mit der Pisto…

Marktbudenzauber
Wer lacht, kauft Lose zum Glück
Einer steht hintan

Gezeichnetes Blatt
Gelb bist du – nun zeigst du mir
Die Furchen: den Herbst

Ich träumte von dir
Rote Knospe am Kirschzweig
Zeitlos schön – Liebe

Die Feder, sie fällt
Die Gans, sie zieht himmelwärts
Mein Blick fliegt ihr nach

Draußen ein Rauschen
Autos zermalmen den
Dschungel der Stadt

Im Frost ein Blümlein
Das wild und frisch aufgeblüht
Ewig bleibt's der Welt

Peter Schuhmann

Drei Worte

Ich wollte dir drei Worte sagen,
doch dann verlor die Mitte sich,
und endlich kamst auch du abhanden.
Mir blieb, wie zu Beginn, nur „Ich".

Null

Sie denkt im Grund gering von sich,
kreist stets um eine innre Leere.
Und wünscht sich einzig nur dass der,
dem sie an Wert verleiht, sie ehre.

Zu spät!

Die Tage der Erinnrung wogen Steinen,
vom Zeitenstrom gerundet und gekühlt.
Doch als du kamst, auf ihnen aufzubauen,
da hatte sie das Wasser fortgespült.

Flüchtig

Durch die Wasserpfützen flieht
ahnungsvoll der Wolken Heer.
Und ein Tropfen, sonnenschwer,
träumt im Strahl, der ihn entzieht.

Wund

Das Leiblein ausgerupft,
die Blättlein abgezupft,
lagst du vor mir.
Ich hob dich auf vom Grund
und war von dir so wund.
Du starbst!

Wofür?

Warum?

Ich folgte Wegen, die wir einst gegangen
und fand im Sande unser beider Spur.
Doch wo von Nacht und Kummer ich umfangen,
war eine, tiefer eingetreten, nur.

Süßer Tod

Ich wollt, ich wäre eine Blume,
und du kämst übers Feld gegangen.
Du löstest sacht mich von der Krume,
und hieltst mein Sterben warm umfangen.

Weg

Der Weg, den du vorausliefst, stieg bergan.
Doch Wunsch und Hoffnung ließen mich dir folgen.
Nun, da nach Grünem Steiniges begann,
Entschwandest du mir langsam in den Wolken.

Erhöht

Siehst du die Kreuze dort im Tal?
Sie tragen Nam' und Jahreszahl.
Einsam das Kreuz auf Bergesspitze
trägt schwer am Mal der Feuerblitze.

Hausspruch

Hier ist mein Reich. Hier reich ich mir.
Hier kennt die Sehnsucht eine Tür.
Hier darf ich ganz ich selber sein,
Und keiner redet mir darein.
Hier nasch ich von der Muse Frucht,
Und bin nicht ständig auf der Flucht.
Hier hat nur Zutritt, wer gefällt,
Und seinen Frust für sich behält.
Hier ist, warum ich solches pries:
Nichts minder als das Paradies.

rose d'amour

Der Liebe Same fiel ins Bodenlose.
Sank tief im Grund in jungfräuliches Gras.
Draus wuchs von Tau und Krume eine Rose,
an deren Duft das Tal den Himmel maß.

NRWeh

Ein Bonze in misslicher Lage,
der litt an der Ruhr über Tage.
Er konnte nicht Essen
noch Zechen vergessen.
Die Lippe lieh er höxter Klage.

Asse

Der Ex-Tenniscrack Mad Agasse,
drosch mit seiner Rückhand fünf Asse.
Nur dümmlicherweise
auf Pokerturnierreise;
nun coacht er die Knastligaklasse.

Geben und Nehmen

Der ehrbare Jüngling Kai Schemen
fand: Geben sei sel'ger denn Nehmen.
Verteilte die Habe
an Arme als Gabe
und boxte meist K.O. für Bremen.

Nomen est Omen

Zum Standesbeamten in Scheer
kam Mademoiselle Grube daher.
Bat ohne Erlahmen
sie umzubenamen,
denn sie hieß mit Vornamen Claire.

Säuerlich

Den Laborant Max Grau aus Stade,
versetzte die Gattin beim Bade.
So völlig entblößt
und ganz aufgelöst,
ließ sie ihn versauern. Echt schade.

Weight Watchers

Noch scheut Mopsfrau Bella die Stunde
des Outings im Kampf gegen Pfunde.
Hat für das Projekt
total abgespeckt.
Nicht lang, dann geht sie vor die Hunde.

Aye-Aye

Es sprach der Maat zum Offizier:
„Das U-Boot liegt nicht mehr am Pier.
Ich sah's untergehen."
„Wann ist das geschehen?"
„Am Tage der offenen Tür."

Livericks

Im Pub Lizzy T. kann fürs Zechen
der Ire per Limerickspruch blechen.
Trotz Pub-lici-ty
hört man bei Whisky
sie frei von der Leber weg sprechen.

Buddha's Leuchten

Der Mönch am Abend
leuchtend wie die Mohnblume
beim Gang durchs Kornfeld.

Johannes Kettlack

365 Tage

Zahlen und Sprüche
Stehn im Jahreskalender
Zum Abriss bereit.

Erster Januar

Am Neujahrstag fließt
Die schöne blaue Donau
Durch's Strauß-Orchester.

Zwangsadoption

Das noch warme Ei
Rollt der verdutzten Henne
Für immer davon.

Technik

Das neue Leben
Entsteht im Reagenzglas
Ganz ohne Liebe.

Klassenzimmer

Lärmschutzkopfhörer
Schotten Schüler und Lehrer
Voneinander ab.

Dilemma

Zwei Herzen klopfen
An in der Notaufnahme.
Eins klopft nie wieder.

Christian Engelken

Berliner und Delfin

Ein Berliner schwamm mit dem Delfin
Im Aquarium in Berlin.
Der Delfin sprach Delfinisch,
Der Berliner Berlinisch,
Doch verstand man sich prächtig, wie's schien.

Fischer und Thunfisch

Ein Schweizer Fischer aus Thun,
Der fragte sich einstens: „Was thun?
Er fing keinen Fisch.
Da verkaufte er frisch
Afrikanische Fische als Thun.

Fischer und Hai

Es war mal ein Hai vor Shanghai,
Der fühlte sich glücklich und frei.
Da kam Fischer Shang
Und machte den Fang
Seines Lebens. Da war es Shangs Hai.

Eisbär und Kaiserpinguin

Traf ein Eisbär im Zoo zu Berlin
Einen Kaiserpinguin.
Dieser Herr war im Frack,
Nach des Bären Geschmack,
Doch von Adel: Drum durfte er ziehn.

Einsiedlerkrebs*in

Ein Einsiedlerkrebs vor Bahrain
Krebste rum und siedelte ein.
Kam 'ne Krebsfrau geschwommen,
Und er hat sie genommen -
Nun siedeln die beiden zu zwein.

Eintagsfliege

Es hatte in Mosambik
Eine Eintagsfliege viel Glück:
Es war sonnig und freundlich -
Drum denkt sie nicht feindlich
An den Tag ihres Lebens zurück!

Marlene Wieland

Eisklarer Hagel
peitscht schräg am Fenster vorbei,
jetzt zittern Blitze.

Pilgern heißt gehen,
sich aufmachen zu sich selbst.
Wer Glück hat, kommt an.

Im September Mond
glänzen schwarze Dächer feucht,
nur die Katze fehlt.

Hauch steigt vom Eis auf
vier Kugeln dampfen im Glas
bis sie zergehen.

Die Luft riecht verbrannt
am Ort des Entsetzlichen
gib uns Trost und Mut.

Kleine Puffottern
werden giftige Schlangen,
wenn man sie füttert.

Reis im Kochbeutel
quillt langsam bis zum Platzen
heiß und prall wie Teer.

Unter dem Sattel
klebt zitternd ein Kohlweißling,
sein Fühler ist weg.

Motive schimmern,
wie Nebel auf der Leinwand,
hauchfein hingetupft.

Tokyo, dachte ich,
Erinnerung, die verblasst,
doch blass kann schön sein.

Du bist die Liebste,
in deiner Hand stirbt die Zeit
wie weiße Asche.

Ein Sechserpack Bier,
eiskalt in Alexandria,
und der Himmel lacht.

Komm gesund wieder,
bereue nichts und lebe,
wir brauchen dich hier.

Geöltes Lächeln
und vielleicht noch Pomade
zuviel des Guten.

im Zwielicht lächeln,
einen guten Wein trinken,
auf morgen hoffen.

Dem Freund zuhören,
der Kummer hat und krank ist,
damit er heil wird.

Bis Ende Juli
kommt mein Herz nicht zur Ruhe,
pass auf in Kabul.

(Haiku für einen Freund)

Kraniche in Sicht
nun wird es endlich Frühling,
Wind kommt von Osten.

Such dir was andres,
sagt mein Bauch, doch
ich bleibe.

Am Körper saugt sie,
die Zecke, dein kostbar Blut,
dreh ihr den Hals um.

Im Laufe der Zeit,
wird alles zur Gewohnheit,
nur du überraschst.

Buntes Strähnchen, rot,
wie die Punker das lieben,
hellt grauen Teint auf!

Semesterbeginn,
die Mensa hebt ihren Kopf,
lacht von Ohr zu Ohr.

Zeit ist vergangen,
jede Stunde ist anders
und Zeit wird kommen.

Rispenhortensie
braun hängt die Dolde am Ast -
bis zum nächsten Sturm.

Das Immunsystem
richtet sich auf Winter ein,
wer hinhört, spürt es.

Limonade weint,
wenn die Gläser zu kalt sind,
rutschen die Tränen.

Nebel überm Feld
Raureif in Spinnennetzen
Altweibersommer

Die Sonne kommt durch
und wärmt die Wandergruppe
milchig der Tag.

Langsam wird es kalt
letzte Sternschnuppen fallen
Sankt Martin grüßt schon.

Über Stock und Stein,
durch die Feldmark ging der Weg,
Wildschweine wühlten.

Der Schatz der Welfen
ist einmalig zu Schauen,
Gänsehaut traf mich

Lippen die warm sind,
unabhängig von der Luft,
das sind die Meinen

Das Licht bricht im Tau,
- alles gleicht dem Bergkristall -
am frühen Morgen.

Ausgeschlafen sein
- die Nacht war freundlich zu mir -
ist einfach herrlich.

Worte sind kostbar,
können alles bedeuten,
auch den Tod bringen.

Gutes Schlafwetter,
wenn Geist und Seele vereint
und der Leib müde.

nur ein Sternenpfad,
und keine Weltgeräusche
nur ein Schneegemach.

Moses aß Erde,
schmeckte die Reife zur Saat -
sein Feld gab viel ab.

Ein Wochenende
kann Liebende vereinen
und zum Glück führen.

Ein Wochenende
kann öfters die Hölle sein
und das Aus bringen

Mein Kleid stinkt blaugrün
nach Algen und Grundwasser
wie kranke Muscheln

Am Abend vorher,
fielen Sterne ins Meer -
einer schwamm zu mir

Marzipanengeln
beißt man gierig den Kopf ab,
sie bluten ja nicht

Salzgeschmack im Mund
verkrusteter Haaransatz
herrliche Nordsee

In dunkler Tiefe
schwimmen freiwillig Fische
die fliegen könnten

Wie eingeschüchtert
fällt der Regen heute sanft
Tropfen für Tropfen

Grüne Steppjacke
wärmt neben Herz auch Nieren,
Leber passt sich an.

Sarah L. Goehre

Nasse Schritte auf
Stein, der Pfad im Einklang mit
der dichten Flora

Lachen des Sommers
Regens dem weiß-rosa die
Blätter erlagen
Unter barfüßigem Tritt
So feucht wie ihre Narbe

Sein Flaum duftet nach
der Süße von Kokosmilch
doch leicht säuerlich

Kaffee geröstet
Vollmundiges Aroma
Nuance zu bitter

Sehr reifer Geruch
von Bergkäse der auch so
in der Hitze schwitzt
penetriert sie schon vor dem
nussig kräftigen Geschmack

Die Farbe des Tuchs
einstweilig auf den Rand
des Brunnens gelegt
So glühend und rot wie das
durch sie pulsierende Blut

Der Brunnen so tief
So dunkel und feucht wie der
Brunnen tief in ihr

Leise tropfender
Regen und doch tropische
Feuchte denn in der
Luft liegt schwer sein Geruch als
hinge nasse Kleidung da

Erika Beha

Das Licht der Unendlichkeit
Lässt ahnen die Weite des Alls
Erweckt die Sehnsucht
Zu ergründen den Anfang
Das Woher und Wohin
Das Leben, die Vergänglichkeit

Morgenröte strebt dem Tag entgegen
Sonne aus dem Schlaf erwacht
In Raum und Zeit darniedergelegen
Bringt neues Licht, den Tag bewacht

Sonnenaufgang
Morgenröte
Verheißungsvoll
Wiederkehrende Schöpfung
Täglich neu
Welch ein Geschenk

Die Sonne am Morgen
Eine Ahnung von Glück
Der Mondschein am Abend
Der die Sinne verwirrt
Ein Zeichen von Liebe
Im Herzen erblüht
Mög' sie behüten
Das Alltagsgeschick

Wo Hoffnung versagt
Der Schmerz nur plagt
Trost will geben
Liebe verströmen
Auf dem Weg dich begleiten
Den Himmel dir zeigen
Das Licht dir holen
Mit Frieden belohnen

Tage des Wartens
Tage der Sehnsucht vergeh'n
Verlorene Zeit
Nein
Tage des Wartens
Tage der Sehnsucht
Sind schön

Der Gedanken kommen so viele
Sie ziehen vorbei, manchmal verweilen sie
Sie lassen sich fassen und werden zu Werken
Zu großen, zu kleinen
Manches mag unwichtig erscheinen
Viel geht verloren, Neues wird geboren
Gedanken – Gedanken sind frei!

Kinderseele
Du reine, du
Spiegelst dich in Freude wider
In zwei blanken Augen
Im lachenden Mund
In hellen Ohren
Jauchze, oh Seele
Im Körper des Kindes
Rein ist die Stirn

Den Alltag vergessen
In Gedankenspielen
Neues Licht durchbricht
Die Traurigkeit

Die Wolken entschwinden
Die Sonne lacht
So ist es auch mit vielen Tränen
Morgen ist ein neuer Tag

Sina Marie Brendel

Nach da musst du geh'n
wo bunte Lichter sich dreh'n
schon nachts wirst sie seh'n

Heimlich und leise
ziehen nächtliche Kreise
auf ihrer Reise

Elend muss gar nicht sein
lass Sonne ins Herz hinein
atme kurz tief ein

Das Leben so bunt
und voller Freuden mit Hund
natürlich gesund

Igel frisst Schnecken
läuft leis durch Laub und staubsaugt
herbstliche Ecken

Mensch trifft volle Schuld
vom Himmel fall'n die Raben
durch Schwefelschwaden

Angela Hilde Timm

Die Fremde lächelt
mir im Vorbeigehen zu:
Neujahrsprognose

Januarnacht die
Mücke im Kaminholz summt
ein Wiegenlied

In dunklen Zweigen
vor blau-weißem Himmel
Taube zu Besuch

Hohe Pappeln
bappeln fröhlich zusammen
papperlapapp

Hauptbahnhof Hot Spot
Sie verbrennt sich die Zunge
am Coffee to go

Arm in Arm
Mäuseschritte zählen
mit Oma Erna

Beim Anblick seiner
Leine in meiner Hand springt
er wie ein Flummi

Der Schimmel auf der
Niedersachsenfahne
galoppiert im Sturm

(Elfchen)

Wohlergehen
Schönes sehen
zu mir stehen
zur Nächsten liebend weitergehen
miteinander

WO GEDULD IST, DA IST LIEBE

Wo Liebe ist, da ist Verstehen.
Wo Verstehen ist, da ist Einsicht.
Wo Einsicht ist, da ist Vertrauen.
Wo Vertrauen ist, da ist Liebe.
Wo Liebe ist, da ist Geduld.

Klaus J. Rothbarth

1.11.2011

Kurze Existenz

Die Sonne
steht auf,
taucht alles
kurz in rot.
Dann wird der Himmel grau.

2.11.2011

Zeichen der Wildgänse

November.
Sonnenschein im Blau.
Doch kehliger Schrei
zeigt
Winter an.

3.11.2011

Letzter Moment

Im Apfelbaum
ein letztes Blatt,
rotbunt.
Ein Flügelschlag:
Es fällt ab.

4.11.2011

Verschwinden

Bunte Blätter fallen.
Tauchen ein
ins Licht.
Verschwinden
aus dem Sein.

5.11.2011

Verlust im Herbst

Wärme
im Gesicht.
Kälte
im Rücken.
Sommer-Sonnen-Hülle fehlt.

6.11.2011

Bewegung

Übelkeit.
Liege bewegungslos.
Ein Eichhörnchen
turnt.
Beneidenswert.

7.11.2011

Paralleles Sein

Blatt und Feder
schweben parallel
im Licht
gelöst
vom Sein zum Tod.

8.11.2011

Mystik

Schwarze Umrisse vor Blau:
Blaue Stunde.
Übergang:
Tag – Nacht,
Leben – Tod.

9.11.2011

Ein Datum

Nebelstille
streift den 9.11.
Tag der Freude und Schande
der Geschichte.
1848, 1919, 1938, 1989.

10.11.2011

Morgenbeginn 1

Roter Himmel.
Schwarze Eichen.
Weißer Rauch
sendet Zeichen.
Für wen?

10.11.2011

Morgenbeginn 2

Blauer Himmel.
Kehlige Schreie:
Ein Kranich-Zug.
Nur fort
von hier.

11.11.2011

Glaube

11.11.11
Eine Glückszahl.
Zahlen-Mystik.
Nicht rational,
aber beruhigend.

12.11.2011

Leicht zuviel

Unterm Tisch
ein Brett
mit Papieren.
Ein Blatt dazu:
Das Brett bricht ab.

13.11.2011

Märchen

Euro-Krise.
Was ist Geld?
Birken-Blätter-Gold
wandeln?
Krisen-Schluss.

14.11.2011

Orakel

Glücks-Knochen.
Huhn – Kindheit.
Lang-Stück:
Vater zurück aus dem Krieg.
Kurz-Stück.

15.11.2011

Fremdbesetzt

Baum: frucht-blatt-los.
Verirrte
Hagebutte.
Mistelbeeren
am Stamm.

16.11.2011

Strahlend

Wetter-TV:
Nur Sonne im Land.
Auf Moiras Bild
strahlend
die Sonne.

17.11.2011

Scheinwerfer

Sonne hinter dem Dach
wirft einen Strahl
ins Dachfenster
und trifft ...
mich.

18.11.2011

Kopf-Farben

Ein Entenkopf aus Stein:
moos-grün.
Futter für
schwarz- und braun-
Kopf-Vögel.

19.11.2011

Idole

Biermann ist 75.
Degenhardt war 80.
Ändern
oder treu?
Nur wer sich ändert ...

19.11.2011

Dialektik

Biermann-Konzert 1976:
... möchte am liebsten
weg sein ...
... bliebe am liebsten
hier ...

20.11.2011

Stadt-Haiku
*(Eine moderne Adaption
zum Frosch-Haiku)*

Im Auto.
Am Straßenrand sitzt
ein Eichhörnchen,
sprungbereit.
Schutzlos.

(Auszug aus 365 Poesie-Notizen - 365 Gedanken. Ein Jahrestagebuch)

Felix Martin Gutermuth

Paris

drei Tage
und Nächte
im vorbeiziehen.
Immer wieder Paris,
immer wieder
auf Tournee.

Künstler

Nun denke
ich nicht mehr,
dass ich
Künstler bin,
ich bin einer.

Fusstritt

Ein Fusstritt
für die Menschheit,
Liebe, Glaube,
Hoffnung

Aufgeben

Ich habe
aufgehört
zu kämpfen,
da das Leben
sinnlos schien.

Jazz

Jazz
is the
best.
Keep
the
Jazz
up!

Business

In Dijon
eine Dame
gesehen,
so allein
in den Gassen.
Ich verkaufte
ihr ein Bild
für einen
Wein.

Kalimero

Sie nannte
mich Kalimero,
einen
Schüler
von
Dostojewski

Edith Meusburger

Graue Schleier zieh´n
verhangen der Himmelsraum
Nebelschwaden – uh.

Nüsse krachen, Scha-
len platzen, Blätter fallen.
eiskalte Erde.

Weiße Blumenkunst
ins Fenster gezeichnet
ein Eismandala.

Das Köpfchen gereckt
leis´ aus dem Grase gestreckt
Märzenbecherlein.

Saftige Gräser
Tautropfen und Sonnenschein
ein Lechzen nach Licht.

Hinterm Vaterhaus
Goldregen in voller Pracht
Krähen kreischen krah.

Libellen flügeln
lauwarme Wasserglätte
Nacktbaden zu zwein.

schreiben
wollen täten möchten

bloß
was wie

Ursula Schwarz

Ranke

Einander geneigt
Leben ohne zu fesseln
Welch späte Gnade!

Nebel

Ganz langsam löst sich
Aus grauer Vorzeit Schatten
Was nun werden will

Erde

Was eingehen soll
In Kreisläufe der Natur
Gelassen lösen.

Ranke

Einander geneigt
Leben ohne zu fesseln
Welch späte Gnade!

Nebel

Ganz langsam löst sich
Aus grauer Vorzeit Schatten
Was nun werden will

Erde

Was eingehen soll
In Kreisläufe der Natur
Gelassen lösen.

Stille

Klingende Stille
Aufsteigend aus des Herzschlags
Symphoniemusik.

Im Vorbei

Lächeln im Fluge
flüchtiger Begegnungen
Moment reinsten Glücks

Karstquelle

Silberkügelchen
Seelenkräfte der Erde
Unauslotbar tief

Ein Lächeln

Ein Lächeln
über eine menschliche Schwäche
ist der erste Schritt
zum Verständnis
des Anderen.

Gedankenbrücke

Wenn auch
deine Sprache
anders ist
und ich deine Schrift
nicht verstehe:
deine Botschaft
erreicht mich trotzdem.
Als Gedankenbrücke
der Seele!

Parsifal

Die Rätsel der Welt
Wirst du nicht ergründen,
wenn du nach Antworten suchst.
Sondern,
wenn du
nach der einzig richtigen Frage
forschst.

Von selbst dann
Wird dir die Antwort begegnen

Mélanie Rysenaer

Elfchen

Gleichgültigkeit
Melancholisches Desinteresse
Kindheit verschwindet rasch
Unbewusst wird Neugierigkeit vernachlässigt
Schade

Arbeitswelt
Zivilisierter Dschungel
Große Nummern liken
Win-win-Situationen gibt es nicht
Macht

Zeit
Unschätzbarer Countdown
Kurz oder lang
Fürs Leben wird verbracht
Vielfältigkeit

Zugehörigkeitsgefühl
Kleine Schuhe
in meinen gesteckt
Spontane Geste eines Kindes
Sorglosigkeit

Wutanfälle
einsame Momente
Keiner versteht mich
Schreie laut blödes Zeug
Irrationalität

Willenskraft
auf Hochtouren
bei kleinen Kindern
lässt die Eltern ratlos
Selbstbehauptung

Empathie
miteinander telefonieren
Papa hat Schnupfen
Jäh bin ich krank
Verbindungsgabe

Haiku

Hochgefühlsüberschwang
überrollt wartende Menschen
die Geduld haben

Schlaflose Nächte
Beruhige dich denn sonst
schlägt die Müdigkeit

Liebesgeschichten
sind ebenso wichtig wie
Trennungsgeschichten

Photographien
helfen denjenigen mit
Gedächtnisverlust

Herausforderung
verleiht garantiert eine
Verstandsverstärkung

Tiefe Lektüre
endet nicht, selbst wenn das Buch
gelesen wurde

Ein, zwei, drei, Eckstein
Im Garten, hinter dem Baum
sind Unsichtbare

Sanfte Probleme
finden problemlos gute
Lösungen heraus

Wirkungsgleiches Wort
Stelldichein statt Rendezvous
gezielte Wortwahl

Tanka

Die Liebe ist die
alltägliche Zutat, die
das bittere und
tiefe Einsamkeitsgefühl
des Lebens auslöschen kann.

Nach vielem Weinen
tut unser Körper sehr weh
wie ein Erdbeben,
das uns erschüttert hätte,
im Namen der Traurigkeit.

Maxim Ilian Beha

Dieses Haiku schenk
ich dem Vollmond. Er war mein
Freund die ganze Nacht.

Der Maimond leuchtet
über den Kirschblüten auf
tanzende Mädchen

Tausende Haikus
Übergeb' ich dem Ostwind
der weht sie hinweg

Den Zugvögeln nach
schauen die Flüchtlingskinder
vernichtendes Meer

Ein Lichtfünkchen schnappt
sich ein Einsteinchen und fliegt
zum Sternenhimmel

Dreieckchen fliegen
aufeinander zu, wollen
Viereckchen werden

Eingekugelter
Weltgeist, kannst nicht erfassen
die Unendlichkeit

Urknallbewusstsein
bezeugt die Pflanze, sie knallt
Samenkörnchen weit

Dank sagt die Erde
zur Sonne und zum Regen
ihr gebt mir Leben

Öffne mir dein Sein
du Blume der Poesie
Gedanken sprießen

Klangschale schwinge
lass tönen die Phantasie
den Sturmwind in mir

Der alte Baum
sagt zu dem alten Maler
jetzt ist's genug, lass es sein,
mich zu malen

Goldene Ähren
schneiden im Garten Eden
klares Wasser rinnt

Heute habe ich keine
Haikus geschrieben
War auf dem Himmelsberg

Der Erhabene
Ganz mit Schnee bedeckt
Wird von einem Raben besucht

Ein Veilchen bin ich
Und Anthea hauchte mir
Lebensfreude ein

Schnapp' dir ein Haiku
Sag ich zu einem Fröschlein
Und schwimme davon

Die Wildrosen sind
Wieder erblüht neben dem
Grab der Europa

Ein weißer Falter
Besucht die Blumen auf dem
Grab der Europa

Ich stehe am Grab
Der Europa und werde
Von Bienen umschwärmt

Kretische Kinder
Am Grabe der Europa
Stürmischer Euros

Nachts im Traume seh'
Ich einen Schmetterling, ist
Es meine Seele

Gedanken fliegen
Dehnen sich unendlich aus
Urknallbewusstsein

Das All in seinem
Dunkelsten Sein leuchtete
Nach dem Urknall auf

Unbegrenztes Sein
Umgibt uns alle
Unsere Denkkraft ist
Den Elementen eingegeben
Und spiegelbildlich in uns

Psyche dreht sich voll
Heiterkeit vor dem Spiegel
ihres eignen Seins

Lesley Wieland

Nebel verschlang dicht
Raureif wie Dickmilch schleiernd.
Ohne Eulentier.

Erdnuss flippte süß.
Gianduja seidig floss.
Dunkel diese pampft.

Saubohne klettert.
Argwohn listet im Frischling.
Trüffelwurf geperlt.

Physalis flammte rot.
Kappstachelbeere neidet.
Weiße Frucht doch siegt.

Waldkatze im Tann.
Luchst der Ostschermaus zäh nach.
Doch fängt sie den Leu.

Goldhafer sponn sich.
Dukaten Feuerfalter ohne Münz.
Im Kreuz des Geldbaums.

Wetterdistel nässt.
Im Fluss ohne Rinnsal dürr.
Fehde blümt das Kraut trocken.

Bienenesser kräht.
Wie Goldhahn auf Perlkorb.
Käfig verwaist im Flug.

Kathrin Ganz

Frühlingsmitte

Du begleitest mich durch helle Abende
unter weitem Himmel.
Der Frühling dehnt sich aus, wird noch grüner,
atmet Blühen ein und aus.
Das Wuchern der Gräser und Blumen beginnt bald.
Ich stapfe durch den Waldweg,
folge dem Lauf des Windes, dem Gesang der Vögel.

Junger Sommer

Wenig Vögel singen in der Stille
des grauen, frühen Morgens, der ausgehenden Nacht.
Ich atme ihre Töne mit dem Herzen nach
und bin besorgt um ihr feines Gefieder.
Die Tage des jungen Sommers
ziehen wie preisgekrönte Gemälde an mir vorüber.

Lautlose Frühherbsttage

Melancholisches Rot, Gelb und Braun
mischt sich in die noch grünen Blätterkronen.
Die Veränderung vorerst nur in den Baumwipfeln.
Gelbe Strähnen im Blattgerüst der Birke.
Überall noch warme Herbstluft.
Der lautlose See träumt tiefblaue Tage.
Ich wandle mit dir in den Sonnenstrahlen.

Februar

Der Februartag ist mit Kälte zugeschnürt.
Er öffnet sich dem Morgen wie zarte Blüten.
Ich überschreite den Mittag, zaubere dich
in den Nachmittag.
Unter meinen Füssen kracht beständig
das Eis.

Trübe Maitage
Die Vögel suchen Wärme
Ich träume weiter

Sommer im Herzen
Maiblumen in den Gärten
Die Rose verblüht.

Ingrid Baumgart-Fütterer

Zittrige Blicke
aus verängstigten Augen
zeugen von der Angst,
die sich eingenistet hat
in der verletzten Seele.

Worte der Liebe
tropfen wie Balsam ins Herz,
sind wie Medizin
für die verletzte Seele,
die Heilung erfahren darf.

Feuchtwarme Erde
verströmt den Duft des Waldes,
Sinne öffnen sich
für eine „bekannte" Welt,
die jetzt neu erfahren wird.

Bleierne Schwere,
müde bis auf die Knochen,
das Denken steht still,
das schwindende Bewusstsein
versinkt im traumlosen Schlaf.

Fröhliches Glucksen,
ein Prusten und Gebrabbel,
leuchtende Augen
strampelnde Beinchen, Ärmchen,
ein Baby zum Liebhaben.

Über die Stirn streicht
ihr eine tröstende Hand
und es steht ihr bei
ein tief mitfühlendes Herz -
Liebe zeigt sich in der Not.

Zerknüllte Kissen,
Liebesbeteuerungen
ein flaues Gefühl,
unhaltbare Versprechen,
Liebe nur für eine Nacht?

In ihrer Stimme
schwingt Liebe und Zartgefühl,
die wirren Worte
ergeben keinerlei Sinn,
dafür spricht deutlich ihr Herz.

Zwischen den Zeilen
hält sich die Wahrheit versteckt,
Augen der Liebe
entdecken Geheimnisse,
wortlos und doch vielsagend.

Die Lebensfreude
hat die Seniorin gepackt,
weckt in ihr Neugier,
reißt sie aus der Lethargie
- sie wirkt um Jahre verjüngt -

Ein langes Leben
läuft vorm geistigen Auge
im Zeitraffer ab
und in der Zusammenschau
ergibt „Unsinn" einen Sinn.

Endloses Warten,
Minuten schleichen dahin,
Sehnsucht im Herzen
nach Zärtlichkeit und Liebe
steigert sich zu bangem Schmerz.

Auf Schritt und auf Tritt
begegnet er den Wundern,
die er sich erschafft,
seit er mit offenem Geist
seinen Alltag erkundet.

Wolkengebilde
befeuern die Fantasie,
lebendig werden
am Himmel die Geschichten,
die mir Wolken erzählen.

Ein Reisekoffer
zeugt von glücklichen Zeiten,
die Welt stand offen
dem lebenslustigen Mann,
der dem Krieg zum Opfer fiel.

Endlich spricht sie aus
die ungeschönte Wahrheit
und macht ein Ende
der friedhöflichen Ehe,
in der sich jetzt Leben regt.

Dein Mund ist verstummt
die Augen sind gebrochen
und dein Herz steht still,
doch in der Erinnerung
bleibst du für mich unsterblich.

Eine Flaschenpost,
an steinigen Strand gespült,
enthält Botschaften
aus längst vergangener Zeit,
die mich seelisch berühren.

Paweł Markiewicz

Herbstwind und Eiche
Ameisenweg in Rinden
gespült vom Wasser

herbstlicher Morgen
Ich finde altes Geweih
in dunkler Lichtung

Waldlichtung - bemoost
der Hirsch wirft sein Geweih ab
bei Zauberfarnen

Tau im Blumenkelch
Schmetterling trinkt ihn nach der
sternenklaren Nacht

der Wind trägt Blätter
ich nehme ein Blatt für mein
Haiku-Gedichtheft

Tau im Krokuskelch
Biene kühlt drin die Flügel
nach Heimatsternflug

Rabe auf'm Kabel
drinnen elektrisches Licht
es bescheint mein Herz

der Winter draußen
im Haus schreib' ich Gedichte
vom heißen Tempel

der klirrende Frost
ich male Waldlichtung in
warmen Farbtönen

die Katzen laufen
der Hund schlafend gerade
in Geborgenheit

winterliche Nacht
morgendliche Milch harrt auf
meinige Katzen

Sonne und Winter
in dem dunklen Keller
Sonnenblumenöl

Leere Straße im
Winter - im Radio spielt Lied
von dem Rendezvous

winterliche Tage
ich schreibe bis in die Nacht
mein Zaubergedicht

Dunkelheit der Nacht
ohne jegliche Sterne
in Häusern Lichter
Menschen vergöttern den Schnee
in dem Winter eingehüllt

klirrendes Moment
Katzen, Hunde wie Freunde
so wintererfüllt
du zählst Gestirne die klug
und urdichterisch-zart sind

Silke Berke

Schneeglöckchen zeig` mir
Welches Kleid passt für heute
Das kleine Weiße

Süßveilchen zu gleichen
Lidschatten verwischt
Fühle mich ganz Lila

Will rote Perlen!
Kirschblütensalven wirbeln
Flüstern von Geduld

Maiglöckchens Reize
Um unter ihnen zu sein
Muss man sie küssen

Hunderte Diven
Im Reich der Magnolien
Parfumschwaden schwer

Seite an Seite
Bei den tränenden Herzen
Von Liebe durchpulst

Diebisch auf Süße
Himbeeren am Nachbarstrauch
Verrät rosa Mund

Grete Ruile

Blütenrausch

Wenn tausend Blüten in der Sonne leuchten.
Wenn wir neue Farben, neue Düfte entdecken.
Wenn wir durch das frische Grün der Wiesen wandern.
Vogelstimmen uns begleiten.
Dann wissen wir, dass Neues entsteht.
der Frühling hat uns eingefangen.

Am Abend

In Gedanken den Tagtraum
nochmals wirken lassen.
Dich:
Deine Worte,
Deine Blicke,
Deine Hände.

Neues Erleben mit dir!

Stille Zeit

die Zeit wo Sterne sich am Boden spiegeln.
Wo zarte, zerbrechliche Eisblumen glitzern
in den Bäumen.
Wo Landschaften bedeckt sind
unterm Schnee,
fühle ich die Tiefe der Stille.

Traumwelt

In manchem Traum,
schaue ich stumm dich an,
mit sehnsuchtsvollen Blicken.
Meine Liebe zu dir ist immer da,
nur dir fühle ich mich so nah.

Hausbau

Stein auf Stein wird gesetzt, das Haus gewinnt an Form.
Verbunden mit Mörtel wird alles verfestigt, es wird zum Ganzen.
Ein Leben lang soll es uns schützen und beschützen.
Zwischendurch gibt es auch etwas zum Reparieren.
Ist der Vergleich mit einer Partnerschaft nicht ähnlich?
Sie soll uns schützen, beschützen, ein Leben lang
und Halt geben für ein glückliches Leben.

Lenz

Lenz:
Dein Rosenduft so schnell vergeht.
Doch beim Schreiben im Garten,
ist mir dein zarter Duft ganz nah
und ich weiß, er betört mich auch
im nächsten Jahr.

Blumendüfte

Frühling der mein Herz bewegt.
Mein Leben wird zum Traum.
Die Blumen blühen wieder
und grüne Blätter trägt mein Baum.

Ein glückliches Leben

Freude an kleinen Dingen haben,
ohne Neid und Missgunst leben.
Sich nicht von falschem Ehrgeiz
treiben lassen, ist das Rezept
für ein glückliches Leben.

Sinnfrage

Im Leben kann man alles besitzen,
wenn aber der Lebenssinn fehlt,
gerät alles ins Wanken.

Lebensfreude

So wie die Sonne leuchtet in alle Ritzen,
kommt wieder die Freude in mich.
Freude der Sinn des Lebens.

Mission

Geistige und künstlerische Kräfte
bilden den Grundstock menschlicher
Berufung.

Gleichgewicht finden

Wer sich nicht um sich selbst kümmert,
Zeit für sich findet,
mindert seine Lebensqualität.
Er kann sich verlieren.

Gefühle

Gefühle leben:

Die Ängstlichen,
die Traurigen,
die Frohen und
die Mutigen.

Alle gehören zu unserem Leben.

Brücken schlagen

Sei nicht nur mein Bekannter,
sei mir ein Seelenfreund.
Ein Seelenfreund, um die innere
Freundschaft zu entwickeln.
Schenkst du mir dafür von deiner Zeit?
So gewinnt die Bindung Unvergänglichkeit.

Mode

Jahr für Jahr ein neues Diktat, was man tragen muss.
So leben viele ferngelenkt, schränken ihre Freiheit ein.
Sie lassen sich alles sagen und vergessen dabei,
bei sich selber zu sein.

Singen

Singen, mit Seele und Stimme,
für einen Augenblick.
Alle Körperzellen müssen klingen,
als hätte man für dieses Lied gelebt.

Traurig

nach außen zeige ich mich heiter.
Warum auch nicht?
Das Leben es geht ja weiter,
ob ich will oder nicht.
Manchmal helfe ich mir mit Schreiben,
manchmal singe ich laut ein Lied.
Nach außen heißt das:
Sie ist wieder heiter.
Das Leben es geht weiter
und keiner weiß, was mir geschieht.

Eduard Preis

Musik

Welch schöne Töne.
Die dunkeln, hellen Seiten.
Vergangenheiten.

Lichtstrahl

Er fällt auf das Land.
Als die Wolke sich entzweit,
Und der Regen schweigt.

In Gedanken

Entdeck' dich, sag': „Hey"
Doch du voll in Gedanken.
Schwebst, erwiderst nichts.

Die Fotografie

Schweigend sprichst du mich innigst an.
Kein Wort ist hier von Nöten.

Was du mir zeigst, hat weder Wert noch sagt es viel.
Doch ist und bleibt es trotzdem ein schönes Bild.

Freie Geister

„Wer", frage das eine Ich.
„Du", sag ich zu mir.
Doch schweigen beide.

Durchnässt

Bis auf die Knochen.
Alles tropft und klebt an mir.
Lächelnd Zeit verfliegt.

Sternenhimmel

Uneinnehmbare
Weiten - endlose Zeiten.
Der Seelen Seiten.

Der Nebel

Ich erkenne nichts.
Gleich einer Kurzsichtigkeit
legt sich der Schleier
um mich herum, alles wirkt verzerrt, wie ein weißes Meer.

Lagerfeuerlied

Spontan angestimmt,
wird das Lied getragen von
den Kehlen - Seelen

Vom Nebel umhüllt

Vom Nebel umhüllt.
Schwinden ferne Umrisse.
Was bleibt noch gewiss?

Das Dunkle

Sturm der Einsamkeit.
Welch Schönheit du in dir birgst.
-Sein-Vergangen-Sein-

Der Rabe

Sie in sich tragend:
Idee und Erinnerung.
Weltüberblickend.

M. Krüger zu Ehren.

Sonne

Blendend wird der Weg
erleuchtet. Dunkel ist es!
Verbrenn' nicht im Licht.

Pain

Destroyed, broken:
Something laying there.
„Help!" - cringe - „Help!" - no ...

176

Aphorismen

Frank Dieckmann

Zunächst muss sich eine Minderheit bewegen, damit sich für die Mehrheit etwas bewegt.

Die Dinge sauber zu halten, erfordert Drecksarbeit.

Die eigene Klasse bestraft sich selbst am härtesten.

Zu den Schwächen der Ungeduld gehört, sich über die Geduld zu belustigen.

Wir meinen denen unterlegen zu sein, die in uns einen Affekt erzeugen können.

Wahrer Substanz widerstrebt es, sich zu veräußern.

Die Niedertracht lächelt ihr Opfer an.

Zu langsam kennt keinen Zusammenhang.

Kriege provoziert man, die Eröffnung überlässt man dem Gegner.

Gegenüber einem Schlafenden verspürt der Wache ein Gefühl der Überlegenheit.

Zu unseren befreiendsten Augenblicken gehört das Erfahren unserer Grenzen.

Manchmal benehmen wir uns gerade denjenigen gegenüber unfreundlich und unhöflich, die uns am meisten zugetan sind, nur weil wir bei diesen keine Widerstände erwarten.

Warum er so stark geworden war? Weil er sich immer wieder ermahnt hatte, wenn er mal schwach gewesen war.

Der Belehrende hat am liebsten ewige Schüler vor sich.

Der Mühe fällt das Glänzen schwer.

Mehrheiten funktionieren nur, wenn sie von Minderheiten beherrscht werden.

Jener, der alles berücksichtigen will, wird nie beginnen.

Die Eitelkeit gehört zu den Giften, sollte also nur dosiert eingesetzt werden. Ein Zuviel an Eitelkeit ist wie unnützes Geldausgeben.

Mit der Münze, auf deren Vorderseite „Leistung", auf deren Rückseite „Vertrauen" und auf deren Rand „Qualität" steht, kann man überall zahlen.

Einen guten Ruf erarbeitet man sich am leichtesten in schwierigen Zeiten.

Werde willkürlich, damit sich die Leute von dir abwenden.

Erst wenn wir den Blick von den Uhren heben, gehört uns die Zeit.

Wer nicht klein beigibt, kann groß rauskommen.

Erika Maaßen

Es gibt Menschen bei denen man glaubt sich entschuldigen zu müssen, wenn man Freude am Leben hat.

Alles auf die lange Bank schieben macht einsam, denn das Nächste ist so weit entfernt.

Abschied ist ein Schmerz, der Narben hinterlässt.

Alter gibt Freiheit. Doch achte die Grenzen.

Nicht sprechen führt zum Tod mancher Ehe.

Zu viel sprechen treibt den Mann aus dem Haus.

Blicke können nicht lügen aber töten.

Mit alten Gewohnheiten brechen bringt Überraschungen ins Leben.

„Ist alles OK?"
„Sonst hätte ich es schon gesagt!"
hört sie noch, als sie die Tür für immer hinter sich schloss.

Auch nach dem Tod kannst du mir Wärme geben und für immer bei mir sein.

Bei allem Suchen, Eifern, Streben, vergesse nie dein Ich.

Bin endlich reif geworden für das Leben, da ruft ER von oben:
Komm! Einmal muss es ein Ende haben.

Besser beichten als sein lassen.

Blickst du in einen leeren Spiegel, hast du dich noch nicht gefunden.

Das Gute am Schlechten ist: Es kann nur besser werden.

Denk bei allem Schönen, das du erlebst, es könnte das letzte Mal sein.

Gib mich frei! Denn nur in Freiheit kann ich dir gehören.

Die Ebene bringt mich nur weiter, nicht hoch. Erst Widerstände lassen mich wachsen.

Die Lüge kann der Wahrheit nicht in die Augen sehen. Vielleicht hilft eine Brille

Die Sonne geht nicht unter, sie scheint nur woanders.

Die Genügsamkeit ist keine Schwester der Intelligenz.

Die süßesten Früchte hängen nie so unerreichbar,
dass ein Esel einem nicht hoch helfen kann.

Die wertvollsten Menschen sind die, von denen man lernen kann - und am besten lernt man von jenen, die man liebt.

Ein Kluger bemerkt alles, ein Dummer macht über alles eine Bemerkung.

Gut, dass ich dumm geboren, und nie dazugelernt. Spitzt ich umsonst die Ohren, hätt's Schweigen nur gelernt.

Ein Leben lang sehnst du dich, frei zu sein, am Ende erkennst du: Wahre Freiheit bringt nur der Tod.

Allein sein ist wie Süßes. Zuviel davon schadet.

Ein Traum, wird er erfüllt, geht seine Kraft, sein Zauber nur verloren.

Er liebt mich, er liebt mich nicht, er liebt mich ... Ist doch einerlei, wichtig nur, ich liebe!

Erwarte kein Verständnis von anderen, ehe du dich selbst verstehst.

Es gibt Wunden, die heilen nie. Solch eine Wunde reißt zerstörtes Vertrauen.

Es gibt Momente mit einer Gefühlsdichte, dass man glaubt, es nicht länger ertragen zu können, tränenüberströmt – nein, nicht sterben – sondern tot sein möchte, um dieses Glücksgefühl für immer in sich zu konservieren.

Es ist anstrengender Vorbild zu sein, als ihm nachzueifern - denn man muss immer einen Schritt voraus sein.

Es wäre faszinierend zu beobachten, wie Menschen um sich schlagen und stechen – wenn es nur nicht so schmerzhaft wäre, falls dich unerwartet selbst ein Hieb oder Stich träfe.

Erst in der Ferne erkennt mancher, wie wenig aus der Heimat er wirklich braucht.

Freundschaft ist oft haltbarer als eine Ehe, man muss nicht zusammen leben.

Gänseblümchen des armen Mannes ist heute die Orchidee.

Gehe achtsam mit der Macht deiner Worte um.

Geld verdirbt den Charakter – und keins zu haben auch.

Gib mich frei! Denn nur in Freiheit kann ich dir gehören.

Gib zu, dass du nicht der Norm entsprichst. Erfreut wirst du feststellen, dass das Geständnis dir mehr Freiheit gibt.

Grüble nicht, wie du dein Leben änderst. Fang an – heute noch.

Gute Vorsätze beeinträchtigen das Wohlgefühl.

Hatte nicht gelernt, zu lieben. Übe schon ein Leben lang.

In der Ehe ist es wie zwischen Katz und Hund: Mann und Frau sprechen verschiedene Sprachen.

In der Hektik Ruhe finden, das ist die Kunst, zu überleben.

Jeder ist das, was er lebt – nicht das, was er spricht.

Man sagt, ich schriebe wie Kästner, Tucholsky, Kafka?
Ich will doch nur ich sein.

Kein Mensch ist so nutzlos, dass er nicht noch als abschreckendes Beispiel dienen könnte.

Leichter ist fast alles zu ertragen, wenn die Wurzel Liebe ist.

Liebe – nur mit Abstand wie ein Luftbild überschaubar.

Liebe ist, wenn sich Abgründe auftun, den Sprung zu wagen – zu dir.

Liebst du, behalte es für dich. Fremdes Urteil kann viel zerstören. Doch findest du jemand, der dich versteht, öffne dich ganz. Verständnis wird deine Liebe verdoppeln.

Manches im Leben bleibt nur ein Traum, aber besser geträumt, als nicht gelebt zu haben.

Meine Freunde wissen, sie können mir vertrauen. Doch kann ich meinen Freunden trauen?

Ein Lob verpflichtet, ihm gerecht zu werden.

Man kann dir alles nehmen – nur nicht deinen inneren Reichtum.

Meine Schwäche ist meine Stärke.

Nichts ist sinnloser, als das Verschwenden von Worten, wo ein Schweigen genügt.

Niemand beklagt, etwas Unbekanntes entbehrt zu haben ... bis er es kennenlernt.

Nur die wir lieben können uns verletzen.

Im Alter oft erschreckend festzustellen, was man in der Vergangenheit aussäte.

Fange den Rauch! So flüchtig ist das Glück.

Sage nie, es geht nicht! Du musst dir nur selber vertraun. Mit Phantasie und Träumen wirst du dir goldne Brücken baun.

Wie simpel, einem dummen Schaf Hörner aufzusetzen.

Scham ist oft nur das Gefühl, ertappt worden zu sein.

Vor einem Scherbenhaufen erkennt man oft erst das Einengende einer gläsernen Wand.

Auch eine Herde dummer Schafe braucht einen Leithammel.

Sieh mal wie schön, schwärmt man beim Spinnennetz.
Und wie wäre es bei mir? Die Alte spinnt!

Stapel ungeschriebener Briefe in meinem Kopf versperren den
Ausgang zur Verständigung, lassen mich wortlos verstummen.

Totschweigen ist fast totschlagen.

Tränen fließen nicht vergebens – jede kann noch Spiegel einer
Blüte sein.

Der heiß ersehnte Sommer kam, doch wer träumte denn von tro-
pisch hei?!

Um fehlerfrei lügen zu können, muss man ein gutes Gedächtnis
haben.

Um dir jemanden gefügig zu machen, versuche, sein Mitleid zu
erregen.

Um sein Glück richtig zu schätzen, muss man zuvor unglücklich
gewesen sein.

Und wenn du auch singst wie eine Nachtigall – fliegen wirst du
nie!

Versprachst mir die Sterne vom Himmel.
Es kam nur eine Sternschnuppe.

Wahre Freunde beantworten auch Sätze mit Fragezeichen.

Warum das ganze Leben fürchten, nur weil am Ende der Tod wartet?

Warum ist dir mancher Mensch so wichtig?
Fragst du, warum du zum Leben das Atmen brauchst?

Weh dem Tag, an dem mein Körper nicht mein Feind ist, sondern meine Gedanken.

Wenn sich etwas herumsprechen soll, erzähle es jemandem im Vertrauen.

Will nicht aus dem Rahmen fallen, der Absturz könnte schmerzhaft sein.

Willst du dir deine Freundschaften erhalten, dann hilf dir in der Not selbst.

Wohlfühlen bei dem Gedanken: Ich habe noch Zeit. Panik bei dem Gedanken: Wie lange noch? Deshalb lebe im Hier und Jetzt.

Worte sind kein Werkzeug des Narren. Er verschwendet Wörter.

Es ist eine Kunst, Worte so zu drehen und zu wenden, sodass Recht zu Unrecht wird.

Mache dir ein Bild von mir – trotz meiner Worte.

Schweigen kann die größte Strafe sein. Du wirst es spüren, wenn ich schweige.

Sei aufgeschlossen für fremde Gedanken, sei aber behutsam mit deinem Urteil.

Zeig unbesorgt deine Schwächen ... wenn du unterm Gewand Waffen trägst

Ralf Hilbert

Ohne den Tod keine Kultur.

Es ist nicht schlimm, seiner Zeit hinterher zu hinken, so gut, wie ihr voraus zu sein.

Eine gewisse Gnadenlosigkeit und Langeweile jeden Argumentierens, besonders des herrschenden.

Indem man das Leben verflucht, bejaht man es, eine Art Vorsorge.

Der Terror der Objektivität, der weiße Terror.

Jede Wahrheit zu ihrer Zeit.

Verliert man den Respekt, kann man die Lektüre gleich ganz sein lassen.

Die Reklame spielt mit dem Unvermögen und behauptet das Vermögen.

Abstraktion ist eine Art Tod.
Es kommt auf das Verstehen an, nicht auf das Wissen.

Im Alter werden wir reicher, schöner, nicht weiser.

Das Gedicht ist Ahnung und Vergehen.

Ein gutes Herz ist prädestiniert für den Infarkt.

Ein Aphorismus ist immer apodiktisch.

Dank schafft lediglich Distanz, wenn nicht Scham.

Manfred Burba

Sprüche zum Klopfen und Einhämmern

Worüber wir am wenigsten wissen, reden wir am meisten!

Zieh dir keine Probleme an Land, die sich schon auf See befinden.

Es wird immer mehr Heilmittel als Krankheiten und Scharlatane als Ärzte geben.

Wer sich für keinen Weg entscheiden kann, dem helfen auch keine Wegweiser!

Musik öffnet viele Türen, manchmal auch die in den Himmel.

Man kann Probleme auch von der falschen Seite her anpacken, dann löst man sie zwar nicht, lernt sie aber umso besser kennen.

Die Menschheit wird erst dann gescheiter, wenn sie erkennt, es geht nicht weiter.

Und ständig nagt der Zahn der Zeit an unserer Vergänglichkeit.

Was man nicht präsentiert und anpreist, lässt sich nur schwer verkaufen, es sei denn, es ist unverkäuflich.

Das g r o ß e Glück
ist viel kleiner als man denkt!

Ein Gedicht lebt davon, aufgesagt und angehört zu werden.

Dass mein Leben schön war, habe ich erst bemerkt, als es zu Ende ging.

In der Politik ist vieles nur Show, vor allem auch der Showmaster, der dafür sorgt, dass man eins vom andern nicht unterscheiden kann.

Wer Aphorismen schreibt, muss damit rechnen, ihr erstes Opfer zu werden.

Nur wer vom Berg ruft, wird im Tal auch gehört!

Welche Nahrung wir zu uns nehmen, hängt davon ab, was man uns vorsetzt.

Ein klares Signal zu senden, ist eine Sache, ob es ankommt, eine ganz andere.

Unter Menschen gibt es leider Denunziantentum und Neider.

Die fortschreitende Zeit sollte man nicht mit dem Fortschritt verwechseln.

Was im Leben zählt, wird nicht immer ausbezahlt.

Spätestens nach der Schule tauschen wir unsere Kindheit gegen den Ernst des Lebens ein.

Der schwierigste Lebensabschnitt ist das Alter, weil man es mit Sicherheit nicht überlebt.

Was auf dem Papier steht, sollte sich auch in den Köpfen wiederfinden, um seine Wirkung zu tun.

Wer seinen Kopf in die Schlinge steckt, hat Mühe, ihn im Ernstfall wieder herauszuziehen.

Grete Ruile

Lieben heißt, das Herz aufschließen und verschenken.

Erinnerung ist mein Sehnsuchtort.

Telepathie ist denken ohne Sprache.

Unser Gehirn wird durch prägende Erlebnisse geformt.

Unser Bewusstsein ein Rätsel? Biologisch, religiös, schöpferisch?

Materie und Geist halten die Welt zusammen.

Wissenschaften sind ein Maß für viele Dinge.

Erfolgreiches Altern ist für jeden verschieden.

Achtsamkeit und Vielseitigkeit gehören zum Gelingen eines guten Lebens.

Wenn uns das Schicksal trägt, werden wir angstfreier.

Kümmere dich um deine Familie, mitleiden kannst du auch mit anderen.

196

Lieben und geliebt werden, macht uns menschlich vollkommen.

Im Leben fließen Tränen und Lachen zuweilen ineinander.

Die Liebe ist unser Gleichgewicht, sie hält uns auch im Alter jung.

Mein Faltenwurf im Gesicht stört mich nicht. Ich besitze genügend innere Schönheit.

Wir fürchten oft die Gebrechen des Alters, ohne zu wissen, dass wir jung sterben können.

Wenn das Alter kommt, schau nicht auf deinen Körper. Wichtig ist, dein Geist bleibt jung und rege.

Freundschaft ist so vielseitig, wie ein Baum mit vielen Ringen.

Schenken macht glücklich. Habgier macht unglücklich.

Was man vom Gefühl her versteht, kann man gut ausdrücken.

Der wirklich Fromme, ist ist ein guter Mensch.

Kraft aus dem Glauben schöpfen, ist eine Stärkung, egal welcher Konfession wir angehören.

Solange der Weg nicht zu Ende ist, bleibt alles offen.

Mein Ich und meine Seele sind nicht sichtbar, trotzdem sind sie da.

Über Prinzipien reden und wie sie verwirklicht werden ist wichtig.

Gleichartigkeit erzeugt ein Echo aber Vielseitigkeit bringt uns weiter.

Jeden Tag müssen wir uns selbst genügen.

Verliere dich nicht nur in deinen Gedanken, du könntest das Jetzt und Heute verpassen.

Fantasie überwindet alle Hindernisse.

Die Zeit gehört niemandem, nur dem Ewigen

Freiheit gehört nicht nur den Reichen

Geist und Seele gesund halten bringt tiefen Frieden.

Zuhören gilt heute als unproduktiv. Nur Geld zählt.

Wenn die Hoffnung stirbt, stirbt der Mensch.

Krisen sind normal, gehören zum Leben.

Krisen helfen unser Leben neu zu gestalten.

Wir sind uns selbst anvertraut, tragen unser Leben in unserer Hand.

Man braucht Ideale im Leben um vorwärts zu kommen.

Menschen kommen als gute Menschen auf die Welt und tun doch oft böses.

Der Tod ist nicht aufzuhalten, er kommt schrittweise.

Das Glück wohnt in der Tiefe unserer Seele, es braucht weder Macht noch Prestige.

Ein guter Entscheidungsprozess braucht Klugheit, Wissen, Mut und Risiko.

Alle Zeit der Welt gehört dir, wenn du es willst.

Stark wie Spinnweben im Sturm, so sollten wir sein.

Die Liebe ist der größte Wert. Wer sich selbst liebt, kann für andere opfern.

Das Träumen ist der Sonntag des Denkens.

Glaube und Glaubensinhalt können unterschiedlich sein.

Ein Traum bleibt lebendig, solange man ihm glaubt.

Durch Scheitern werden wir nicht herabgewürdigt, Scheitern hilft oft zum Wachsen.

Gemeinsame Erfahrung kann magisch sein, kann Kreativität auslösen.

Ungewöhnliches erweitert den Horizont.

Kreativität heißt aus festgefahrenen Denkmustern ausbrechen.

Wenn wir schlafen, gehören wir uns selbst.

Jeder kann sich selber ändern, oder er ist in der Lage etwas zu verändern.

Das Böse ist oft nicht durchschaubar, deshalb kann man die Welt nicht davon befreien.

Schönheit wird oft als gesund bewertet.

Natur ist einfallsreiche Schöpfung.

Liebe ist wie ein Quantensprung, sie kann immer springen, wo sie will.

Lasse Wünsche aufbrechen wie Knospen und du bleibst im Herzen jung.

Menschen brauchen Ideale, das macht Sinn.

Das Leben ist das Wichtigste, nicht der Tod.

Freiheit heißt autonom zu sein, sich selber sein.

Wer die Beziehung zur Natur verliert, verliert Gefühle.

Unser Gehirn vermittelt zwischen uns und der Welt.

Musik inspiriert und durch unser Gefühl, auch wortlos.

Viele Menschen in der Welt sind auf sich selbst bezogen.

Das Böse ist nie banal, man muss darüber nachdenken, sich auseinandersetzen.

Materie und Geist hält die Welt zusammen

Ich möchte der Autor meines eigenen Lebens sein.

Liebe ist der schönste Höhenflug, ein Flugtraum.

Fantasie ist ein rosaroter Luftballon den man in den blauen Himmel steigen lässt.

Musik kann so ambivalent sein wie das Leben.

Die Seele nimmt die Farben der Gedanken an.

Ob Geburt oder Tod: Rituale geben uns Halt.

Sprache kann man dazu benutzen, um der Fantasie freien Lauf zu lassen.

Glücksmomente – ziellos in Gedanken schlendern.

Mit der Erfahrung die wir machen, verändert sich unser Gehirn, deshalb ist es schwierig, das Gehirn wirklich zu verstehen.

Muße ist etwas vom Besten, – man kann in Ruhe nachdenken und sich selbst bewusst werden.

Fortschritt ist, unseren Kindern eine bessere Welt zu übergeben.

Nicht immer ist echt, was wir wahrnehmen.

Gut oder schlecht ist ein Gefühlsurteil.

Wir müssen mit Unsicherheit leben, weil wir nicht alles erklären können.

Es gibt für manche Dinge viele, unterschiedliche Lösungen.

Literatur kann trösten. Eine Geschichte erfinden heißt, Menschen auf eine Reise einladen.

Schreiben braucht Konzentration. Es hilft, Trauriges zu vertreiben.

Information hat ihren Preis, selbst beim Journalismus.

Das Glück wohnt in der Tiefe unserer Seele, es braucht weder Macht noch Prestige.

Lebenssymbole, sind Licht und Schatten. Sie sind unzertrennbar, gehören zu unserem Leben.

Die Schönheit eines Augenblicks, liegt in seiner Flüchtigkeit.

Wenn wir lernen können, von einer anderen Welt zu träumen, werden wir kreativ.

Wenn die Seele weint, sieht man keine Tränen.

Durch Bilder werden Gefühle bewusst.

Alles Gute, auch die Liebe, die wir geben, wird im All abgespeichert.

Das Herz sollte in der Sprache vorkommen.

Es braucht Mut, liberal zu sein und mit Neuem umzugehen.

Verrückte von heute, sind manchmal die Denker von Morgen.

Facebook kann beherrschen, digitale Menschenrechte formulieren.

Wissen ist eine persönliche Eroberung.

Was trifft, trifft oft auch zu.

Eingegrenzte Fantasie ist keine Fantasie.

Wissen steckt in unserem Kopf, wir müssen es nur herauslassen.

Lebensfreude enthält Glückspotential.

Jeder bewohnt für sich seine eigene Welt.

Unter dem Druck der Welt geht vieles kaputt.

Wenn wir uns selbst nicht verstehen, können wir auch andere nicht verstehen.

Das einsame ich löst sich in wir auf, wenn wir verliebt sind.

Ohne Gedanken gibt es keine Sprache.

Sprache ist das Instrument zum Verstehen.

Sprache verändert die Wirklichkeit.

Einen freien Willen haben, heißt Verantwortung übernehmen.

Echte Religion bedeutet wahre Menschlichkeit.

Ohne innere Werte sind wir wertlos.

Neid ist vorenthaltene Anerkennung.

Das Wissen ist ein Forum von vielen Menschen.

Menschen brauchen eine gemeinsame Bezugsform, die manchmal hart erarbeitet werden muss.

Massengesellschaft ist immer problematisch.

Es gibt kein Denken, dass von keiner Nachdenklichkeit getrübt wird.

Freundschaft ist fortwährende Anregung und Herausforderung.

Denken ist eine ständige Herausforderung.

Hass betäubt den Schmerz

Wenn man lebendig ist, das könnte Glück sein.

Das Leben besteht nicht nur aus Glücksratgebern.

Man kann ein Meer von Tränen beim Schreiben ausleben.

Philosophieren heißt leben lernen.

Das wesentliche eines Menschen ist immer da, auch in seiner Energie.

Ursula Schwarz

Die Kunst der Künste ist, etwas so zu reduzieren, dass nichts mehr hinzuzufügen, alles in einem ist und das Eine für alles steht.

Die Pause ist nötig, um das, was zwischen den Gedanken ist, zu erkennen.

Heute & hier der Freude hingegeben: unwiederholbares Erleben. So müssen die schönen Dinge immer wieder neu zur Einmaligkeit erschaffen werden.

Parsifal. Die Rätsel der Welt wirst du nicht ergründen, wenn du nach Antworten suchst, sondern wenn du nach der einzig richtigen Frage forschst. Von selbst dann wird dir die Antwort begegnen

Angela Hilde Timm

Jede Religion zu respektieren, enthebt nicht von der Chance seinen eigenen bestimmten Glaubensweg mit all seinen Kämpfen und Gnaden zu gehen.

Die Wolken sie ziehen, als wollten sie fliehen. Der Wind treibt sie geschwind. Wie die Gedanken, die ziehen und Unlösbarem entfliehen.

Leben und Veränderung sind ausschließlich in der Gegenwart möglich.

Hanna Fleiss

Von der Diplomatie

Der ehemalige US-Verteidigungsminister Rumsfeld wurde vor dem Krieg gegen den Irak von Journalisten gefragt, ob man nicht mit diplomatischen Mitteln mehr erreiche als mit kriegerischen.

Rumsfeld überlegte keinen Moment. „Selbstverständlich", sagte er, „kann man mit einem Lächeln viel erreichen. Aber mit einem Lächeln und der Pistole in der Hand erreicht man mehr."

Wusste er, dass es sich bei seiner Äußerung um einen bekannten Ausspruch des Gangsterbosses Al Capone handelte?

(nach einer Zeitungsmeldung)

Dieter Geißler

Natur kann man nur genießen, wenn man die Augen aufmacht, und mit dem Herzen dabei ist.

Eine Wanderung ist nicht nur das Zurücklegen eines Weges, sondern sollte eine Einheit von Natur und Seele sein.

Mélanie Rysenaer

Die Zeit vergeht, wohingegen der Zeiger läuft.

Derjenige, der dir ständig irgendetwas weismachen will, ist dein Vertrauen in Bausch und Bogen nicht wert.

Keine Leere, auch die abgrundtiefe Leere, kann nicht wiedergefüllt werden.

Die moderne Gesellschaft lässt uns gerne daran glauben, dass Zeit für sich zu haben ein Luxus ist.

Warum werden wir im Laufe der Jahre immer gleichgültiger, sodass wir keine Warum-Phase mehr erleben, die unseren Alltag spannender hätte machen können?

Ein Weg sollte lieber doppelläufig sein, damit man jederzeit vom undurchführbaren Pfad zum anderen ändern kann.

Wenn dir etwas durch Mark und Bein geht, dann solltest du davor die Augen nicht verschließen.

Felix Martin Gutermuth

Geld alleine macht kein Glück, zu viel davon macht seelisch arm.

Finde zu dir selbst, heisst finde zu Gott.

Denke ab und zu daran, das du am Leben bist und wundere dich. Es hätte auch anders kommen können.

Andere Gedanken, aufhören zu denken. Nirwana.

In der Schule lernt man nur, wie man mitspielt. Wer nicht mitspielen will, bricht ab.

Ohne Ziele scheint das Leben wesentlich einfacher.

Geboren mit einem Schädel, mit dem ich mich noch heute abfinde.

Der Mensch als Untier, im Universum der Möglichkeiten.

Die Welt ist ein Krebs, der uns auffrisst.

Der wahre Freund kann auch mal lügen, um dir zu schmeicheln.

Die Menschheit hatte von Anfang an nicht das Zeug dazu.

Das System formt uns zu Marionetten, ich bleibe im Bett.

Ich bin nur eine Nummer, die versucht keine Null zu werden.

Einsam sein, bedeutet nicht alleine sein.

Und so ich alleine durch die Gassen schlendere, gibt es immer noch einen Funken zu bewahren.

Werner Friedrich Kresse

Das Wort ist geduldig.

Hab Acht, mache alles mit Bedacht.

Die Kreativität ist die Vollendung der Idee.

Der Gedanke ist schneller als das Leben.

Wird die Blitzidee nicht bedacht, kommt es zur unkontrollierten Macht.

Keine Erziehung macht Bildung wett.

Hysterie paralysiert das Denken.

Ein Schrei und ein Feigling, die Massenpanik ist perfekt.

Menschen lernen aus Fehlern.

Getäuscht wohl, doch nicht betrogen.

Das Berühren weckt die Sinne.

Die Täuschung entspringt zuerst dem Geist.

Die Zunge ist der Wörter Bildnerin.

Hinter dem Zaun siehst du kein Bild, wohl vernimmst du Stimmen?, und!

Man löschte den Durst noch bevor man den Becher erfand.

Denke daran, Liebe wird auch durch Gewohnheit erzeugt.

Wenn du immer wieder die gleiche Unwahrheit verkündest, glaubst du am Ende selbst daran.

Alles Schlechte im Leben schaffst du dir selbst, nichts ist verkehrter als Ruhm über Vergangenes.

Achte auf die Haare auf den Zähnen und nicht auf dem Kopf.

Wenn du dich nicht traust, dich auf deine Liebe zu verlassen, dann musst du dich auf deine Einsamkeit verlassen.

Gefallen heißt nicht liegen bleiben, sondern aufstehen.

Sei dir dessen bewusst, der Liebhaber ist ein Schmeichler des geliebten Gegenstandes.

Die Liebe zum geliebten Gegenstand ist blind.

Das Gefühl, keine Freunde zu besitzen, ist dann hart, wenn man ihrer bedarf.

Süß ist es, Wohlwollenden ins Auge zu schauen, die uns Trost und Mut zusprechen.

Hüte und fürchte dich vor Selbstgefälligkeiten, weil diese stet's Einsamkeit nach sich ziehen.

Feindschaft bringt nur Hass, zugleich Neid, Eifersucht und Schadenfreude und lässt die Erinnerung daran im Gemüt zurück.

Ein echter Freund ist selten und schwer zu finden.

Bekommt deinesgleichen Macht, nimm dich in Acht.

Hast du schon einmal daran gedacht, dass Schönheit schrecklich sein kann.

Das Entsetzliche verliert seinen Schrecken, wenn es sich immer wiederholt.

Dem Freund Gutes zu tun, ist nicht so rühmlich wie dies im Notfall bei demselben zu unterlassen.

Nachahmung ist eine Folge der Bewunderung, Wetteifer entsteht aus Neid.

Das Ziel der Begierde sind Lust und Genuss.

Nimmt man verleumderische Menschen in seine Mitte, wird man gewahr wie man zu Fall kommt.

Es scheint der Neid vom Hass gar nicht verschieden, sondern ein und dasselbe zu sein, Boshaftigkeit.

Denke immer daran, der Neidische ist gekränkt durch dein Glück.

Lieben ist ein größeres Gut in der Ehe, als geliebt sein, es behütet vor vielen Fehlern.

Selbstüberschätzung ist eine Wertung die nichts taugt.

Inhalt

Haikus und andere Kurzgedichte

7	Reinhard Lehmitz
36	Thomas Barmé
38	Alfred J. Signer
39	Karsten Beuchert
40	Carsten Rathgeber
44	Ulrich Straeter
47	Ilse Straeter
49	August Bromkamp
51	Marko Ferst
53	Wolf Weldener
58	Martin Berner
59	Olivia Wöstehoff
61	Marion Blum
63	Ellen Philipp
65	Helmut Tews
67	Manfred Burba
69	Erika Maaßen
92	Dieter Geißler
94	Ralf Hilbert
103	Tobias Tiefensee
105	Susanne Ensthaler
106	Peter-Michael Fritsch
108	Peter Schuhmann
113	Johannes Kettlack
115	Christian Engelken
117	Marlene Wieland
124	Sarah L. Goehre
126	Erika Beha
129	Sina Marie Brendel
130	Angela Hilde Timm
132	Klaus J. Rothbarth

140   Felix Martin Gutermuth
143   Edith Meusburger
145   Ursula Schwarz
148   Mélanie Rysenaer
152   Maxim Ilian Beha
156   Lesley Wieland
158   Kathrin Ganz
160   Ingrid Baumgart-Fütterer
164   Paweł Markiewicz
167   Silke Berke
169   Grete Ruile
174   Eduard Preis

Aphorismen

179   Frank Dieckmann
182   Erika Maaßen
191   Ralf Hilbert
193   Manfred Burba
196   Grete Ruile
207   Ursula Schwarz
208   Angela Hilde Timm
209   Hanna Fleiss
210   Dieter Geißler
211   Mélanie Rysenaer
212   Felix Martin Gutermuth
214   Werner Friedrich Kresse

219   Inhalt

221   Autorinnen und Autoren stellen vor

Autorinnen und Autoren stellen vor:

Christian Engelken: Kurvendiskussion. Gedichte, 130 Seiten, Druckerei & Verlag Steinmeier, 2011, 12,80 €

Marko Ferst: Jahre im September. Gedichte und Erzählungen, 212 Seiten, Engelsdorfer Verlag, 2017, 11,90 €
Marko Ferst: Republik der Falschspieler. Gedichte, 172 Seiten, Engelsdorfer Verlag, 2007, 11,60 €
Marko Ferst: Umstellt. Sich umstellen. Politische, ökologische und spirituelle Gedichte, 160 Seiten, Engelsdorfer Verlag, 2005, 11,20 €
Marko Ferst: Täuschungsmanöver Atomausstieg? Über die GAU-Gefahr, Terrorrisiken und die Endlagerung, 136 Seiten, Edition Zeitsprung, 2007, 9,95 €
Marko Ferst, Franz Alt, Rudolf Bahro: Wege zur ökologischen Zeitenwende. Reformalternativen und Visionen für ein zukunfts-fähiges Kultursystem, 340 Seiten, Edition Zeitsprung, 2002, 21,90 €
Marko Ferst, Rainer Funk, Burkhard Bierhoff u. a.; Erich Fromm als Vordenker. „Haben oder Sein" im Zeitalter der ökologischen Krise, 224 Seiten, Edition Zeitsprung, 2002, 15,90 €
Leseproben und Bestellung: www.umweltdebatte.de

Erika Maaßen: Herbstzeichen der Liebe. Freundschaften, Bezie-hungen und andere Wegbegleiter, 180 Seiten, 2016, BoD, 9,50 €
Erika Maaßen, Norbert Mieck, Helga Lange u.v.a.: Bunte Fluss-landschaften. Haiku und andere Kurzgedichte, Aphorismen, 200 Seiten, 2016, BoD, 12,90 €
Erika Maaßen: Alles will ich ihm erzählen. Autobiographisches, 255 Seiten, 2011, Verlag des Biographiezentrums, 14,90 €

Carsten Rathgeber u.v.a.: Im Mosaik der syrischen Spuren. Ge-dichte, 420 Seiten, Edition Dorante, 2018, 17,90 €
Carsten Rathgeber u.v.a.: Soziale Brücken, ökologische Zukunft. Erzählungen, Essays und Gedichte, 428 Seiten, Edition Dorante, 2018, 17,90 €

Carsten Rathgeber u.v.a.: Wenn die Blätter von den Bäumen fallen: Lyrische Anthologie, 100 Seiten, Frieling-Verlag (Buchwerkstatt Berlin), 2017, 12,90 €
Carsten Rathgeber et al.: IT-Handbuch. Tabellenbuch, 514 Seiten, Westermann Verlag, 2016 (10. Auflage), 29,95 €
Carsten Rathgeber u.v.a.: Auf der Halbinsel. Rote Erzählungen u. Gedichte, 420 S., Edition Dorante, 2016, 17,80 €
Carsten Rathgeber u.v.a.: Nordlandwinter. Gedichte, 296 Seiten, Edition Dorante, 2016, 15,50 €
Carsten Rathgeber: Zwischen(t)räume & Grenzwelten. Gedichte, 68 Seiten, Lorbeer Verlag, 2014, 6,99 €

Grete Ruile: Lyrisches Naturfenster. Gedichte, 112 Seiten, Engelsdorfer Verlag, 2017, 9,80 €
Grete Ruile: Schlichte Wahrheiten. Erzählungen, Gedichte und Aphorismen, 96 Seiten, Engelsdorfer Verlag, 2015, 8,90 €
Bezugsadresse: Grete Ruile, Bergstr.55, 78244 Gottmadingen; phoebus.g.w@t-online.de

Ulrich und Ilse Straeter: Leiden inspiriert, Haikus und andere Texte über die holländische Stadt, Illustrationen: Ilse Straeter, ARKA Verlag Essen, 2015, 18 €, Bestellen: Tel. 0201 42 12 26 oder straeter-kunst@t-online.de

Peter-Michael Fritsch: www.haikufritsch.wordpress.com

Es duftet nach Sonntag

Haiku und andere Kurzgedichte, Aphorismen

Ira R. Svenhagen, Helmut Glatz, Michelle Klemm u.v.a.

180 Seiten, 2011

Der Garten blüht

Haikus und andere Kurzgedichte, Aphorismen

Ingrid Pichlhöfer, Gerhard Schunck, Lore Tomalla u.v.a.

144 Seiten, 2009

beide Bände bestellen bitte über Literaturpodium: wettbewerb@literaturpodium.de

Literaturpodium

Bei uns können Sie Gedichte, Erzählungen, Essays, wissenschaftliche Beiträge, Märchen, Fantasiegeschichten, Haiku, Aphorismen, Reisereportagen etc. in verschiedenen Buchprojekten veröffentlichen. Die Bücher werden gegenseitig mit Anzeigen beworben und im Internet präsentiert. Sie sind in vielen Ländern lieferbar. Auch eigene Gedichtbände, Romane etc. können publiziert werden.

Mehr Informationen unter:

www.literaturpodium.de

Jahre im September

Gedichte und Erzählungen

Marko Ferst

Edition Zeitsprung

Jahre im September

Gedichte und Erzählungen

Marko Ferst

212 Seiten, Edition Zeitsprung, 2017

Über Ostseeinseln wie Öland und Usedom streifen die Gedichte. Sie führen in die schwedische Schärenstadt sowie nach Buchara, Samarkand oder in den Ural. Magische Ausflüge in die Natur und Tierwelt tauchen auf. Gedichte zu Musik, Literatur und Malerei reichern diesen Lyrikband an. Unter die Lupe genommen wird der Drang der Regierenden, uns mehr und mehr auszuspionieren. Kritik zieht das gescheiterte Afghanistan-Abenteuer auf sich, das syrische Totenfeld wird umrissen. In Bangladesch zeichnen sich weitere Landnahmen des Meeres ab, Wasserstände, die mit unserem verschwenderischen Lebensstil im Norden verbunden sind. Sondiert wird, warum unsere Zivilisation ökologisch zu scheitern droht, sich längst im Spätstadium befindet. In der Arktis zeigt sich, wie weit das Vorspiel zum Klimaumsturz schon gediehen ist. Spitzbergen archiviert unsere letzten genetischen Hoffnungen. Den Spuren und Abgründen einer mysteriösen Krankheit wird nachgegangen. Der Band enthält zwei Erzählungen - eine arktische Begegnung zwischen weißen Raubtieren und einen Blick in das sowjetische Speziallager Sachsenhausen.

Leseproben: www.umweltdebatte.de Bestellung: marko@ferst.de

Bunte Flusslandschaften

Haiku und andere Kurzgedichte, Aphorismen

Erika Maassen, Norbert Mieck, Helga Lange u.v.a.

200 Seiten, 2016

In diesem Band sind viele Haiku und andere Kurzgedichte über Gärten, Landschaften, Ethik und andere Themen zu finden. Im zweiten Teil des Bandes lassen sich viele Aphorismen und Lebensweisheiten entdecken.

Auf Silberrücken
im Dünengras Tschaikowski
bis hinab zum Meer

Im Vorspiel zum Rot
weiß aufgeschäumte Landschaft
Die Kirschblütenzeit

Wieder hat´s gekracht.
Unter´m Schnee Pfützen aus Eis.
Kalter Wintertag

225

Anmerkungen zum Sonnenstand

Gedichte

Martin Westenberger

100 Seiten, 2018

Direkt und teilweise ruppig, immer aber authentisch und aus dem Leben gegriffen geht es in den Gedichten von Martin Westenberger zu. In seiner neuesten Sammlung „Anmerkungen zum Sonnenstand" taucht er in ein großstädtisches Milieu ein, das uns alle angeht, und formt lyrische Bilder, denen man sich als Leser nicht entziehen kann.

Rainer Vollmar

Martin Westenberger studierte Germanistik, Kunsterziehung und Soziologie. Während seines Studiums arbeitete er u.a. als Roadie, Filmvorführer und Taxifahrer. Seit vielen Jahren ist er als Disponent in der Filmbranche beschäftigt. Lebt in Frankfurt am Main.

Leseproben, Kontakt: www.martinwestenberger.com

Kastanienkerzen

Haikus und andere Kurzgedichte, Aphorismen

Janina Lenz, Judith-Katja Raab, Johannes Bettisch u.v.a.

288 Seiten, 2013

In diesem Band sind viele Haiku und andere Kurzgedichte über Tiere, Naturlandschaften, Musik, Philosophie oder andere Themen zu finden. Im zweiten Teil des Bandes lassen sich viele Aphorismen und Lebensweisheiten entdecken.

Schatten des Bambus
zeichnet die Sonne aufs Bild.
Licht ist ihr Pinsel.

Die Boote heraufgezogen,
Gelächter in der Kneipe -
Sturmwarnung.

Der Himmel zerfällt
zu dunklen Kristallen
in Städten aus Glas.

Rainer Funk, Marko Ferst, Burkhard Bierhoff u.a.

Erich Fromm als Vordenker

„Haben oder Sein" im Zeitalter
der ökologischen Krise

Leseproben:
www.umweltdebatte.de

Edition Zeitsprung, 224 Seiten

Als Psychotherapeut, Sozialwissenschaftler und Philosoph gehört Erich Fromm zu den wegweisenden Gestalten des 20. Jahrhunderts. Er ist ein prominenter Diagnostiker der Krisen der westlichen Welt, ein Kritiker unseres konsumistischen Lebensstils und von gesellschaftlichen Zuständen in denen nicht der Mensch sondern das schnelle Plusmachen im Mittelpunkt steht. Die Werte des Seins wollte Fromm über denen des Habens angesiedelt wissen. Die Beiträge setzen sich mit seinen Ideen und Vorschlägen auseinander.

Franz Alt, Rudolf Bahro, Marko Ferst

Wege zur ökologischen Zeitenwende

Reformalternativen und Visionen
für ein zukunftsfähiges Kultursystem

Edition Zeitsprung, 340 Seiten

Die ökologische Krise droht der menschlichen Zivilisation eine Richtstatt zu bereiten. Ohne einen Quantensprung in der Politik ist eine globalökologische Rettung völlig aussichtslos. Dabei könnten die ersten Schritte in wenigen Jahren getan sein. Ungefähr alle acht Minuten schickt uns die Sonne soviel Energie auf die Erde, wie wir in einem Jahr verbrauchen. Würden wir sämtliche Energie, die wir nicht einsparen können, über Solartechnik, Wasserkraft, Windkraft und aus Biomasse gewinnen, hätten wir schon ein gutes Stück Zukunft gesichert.